EMOEDUCA-LES

El método de EmoEduca para desarrollar
la Inteligencia Emocional de sus hijos

Nuria Andreu Alonso

EMOEDUCA-LES

El método de EmoEduca para desarrollar la Inteligencia Emocional de sus hijos

Editorial Círculo Rojo
www.editorialcirculorojo.com

Primera edición: abril 2015

Editorial Círculo Rojo.
www.editorialcirculorojo.com
info@editorialcirculorojo.com
Colección Docencia

Edición: Editorial Círculo Rojo.
Maquetación: Germán Fernández Martín.
Fotografía de cubierta:© - Fotolia.es
Diseño de portada: © Antonio López Galdeano.

Producido por: Editorial Círculo Rojo.

ISBN: 978-84-9095-725-7

DEPÓSITO LEGAL: AL 306-2015

IMPRESO EN ESPAÑA – UNIÓN EUROPEA

ÍNDICE

AGRADECIMIENTOS

Gracias a la escuela de formación donde inicié mis primeros pasos hacia mi nuevo proyecto personal y profesional, a ese grupo de magos, llamados formadores, que formáis esta escuela. Y en especial, gracias a mis compañeros del primer viaje que empezó con EFIC y donde se inició todo mi proyecto. Gracias Mª Jesús, Laura García, Laura Roselló, Benja, Eduardo, Jose y Juan Antonio.

Gracias a todos los que directa o indirectamente habéis colaborado en este proyecto, en especial gracias a Eva, Rosa, Maribel, Mónica, Manolo, Jorge, Jaume y AECOFAME.

Gracias a Rosana, Rosa, Laura, Mariate, Jeni e Isa por estar ahí cuando hacéis falta. A mi eterna e irrompible compañera Marina, y gracias a Sergio y Javi, por hacer tan llevadera la época que los tres sabemos.

Gracias a mi familia, hermano, cuñadas, cuñados, suegros, sobrinos... y, en particular, a mis padres, sin vosotros nada de esto hubiera sido posible, gracias por ayudarme tanto y por estar ahí, en todo momento.

A mi apoyo constante, Manolo, gracias por ayudarme en todo momento a que las montañas que aparecían se convirtieran en un montón de granos de arena. Y gracias a la persona más importante para mí, mi niña; a ti, Ana, simplemente, gracias por existir.

Me dejo muchísima gente sin nombrar, gente que ha compartido conmigo algún momento de su vida y que me han ayudado de una manera o de otra a llegar donde estoy ahora, a todos vosotros, muchas gracias.

Pero en especial, mil gracias a usted porque la realidad es que sin usted este libro no es más que un conjunto de hojas con palabras dentro. Espero que le guste el libro y, sobre todo, que lo ponga en práctica.

Nuria Andreu.

PRÓLOGO

En el mercado hay cientos de libros de Inteligencia Emocional, muchos de ellos hablan de la educación en este terreno de forma muchísimo más detallada a nivel teórico. Quizá usted ya haya leído algunos de esos libros (verdaderamente la gran mayoría de ellos son dignos de leer y les animo a ello). Mi intención con este libro no es tanto exponer información extensa que realmente pueden encontrar fácilmente en Internet o en otros libros como dotar de un método totalmente práctico para desarrollar la Inteligencia Emocional. Más que hablar y desarrollar a nivel teórico aspectos importantes de la educación en inteligencia emocional, trataré de hacer la mención necesaria a ellos para que el lector aplique a nivel práctico, en su vida real, esos aspectos importantes.

No trato de que sea un libro para expertos, sino que sea un libro meramente práctico, para que todo el mundo pueda adaptarlo a su situación, a su tiempo y aplicarlo en la educación de sus hijos, desde el más preparado intelectualmente, al menos, desde el que más tiempo le puede dedicar a sus hijos, al que menos. No voy a entrar a profundizar en detalles teóricos, básicamente quiero darle una serie de pasos a seguir para que usted mismo pueda hacer su propio Plan de Educación destinado a fomentar la Inteligencia Emocional de sus hijos, adaptando ese plan a su vida real, a sus valores, y a las necesidades de sus hijos. Mi intención es conseguir que sea capaz de llevarlo a su día a día, a su vida real.

Aun así, en nuestra página web: www.emoeduca.es pueden contactar conmigo si tiene cualquier tipo de duda que le pueda surgir. Estaré encantada de ayudarles.

Mi intención, como profesional del coaching, es que toda la información contenida en el libro pueda utilizarla adaptándola a sus propias necesidades, a sus valores educativos y a las circunstancias reales de su vida diaria. Tómelo no tanto como una guía a seguir estrictamente, sino como un manual que le pueda servir de referencia, que pueda utilizar adaptándolo a su propia realidad.

La finalidad de este libro es ofrecer a las familias un método o guía para desarrollar la Inteligencia Emocional de sus hijos (o quizá alumnos) y no solo de los más pequeños, también de usted mismo. Y que como padre, o educador, pueda ir dándole a los más pequeños los recursos necesarios para que ellos mismos sean capaces de tomar decisiones de forma autónoma, sea cual sea la decisión a tomar.

La razón de ser de EmoEduca es transmitir nuestros conocimientos para que las futuras generaciones sean capaces de vivir sus vidas como verdaderamente desean, consiguiendo sus metas y sueños y que lo hagan desde la infancia. En definitiva lo que pretende este libro, es hacerles llegar nuestros conocimientos.

Resaltar de forma reiterativa que el método y los pasos que se indican en el libro se deben aplicar de forma constante y tranquila. Podríamos compararlo con aprender un idioma o quizá con el proceso que se lleva a cabo para que los niños aprendan a leer. Tómese su tiempo, sea constante, diviértase y disfrute del proceso. Lo importante es hacerlo divertido tanto para su hijo como para usted, y disfrute de los avances. Sea consciente de que partirá muchas veces de cero (cuando el niño no sabe leer) y que para llegar a dominar el método (que el niño lea de forma rápida y fluida) tiene que pasar algún tiempo y ha de ser constante en el proceso de aprendizaje (a los niños no les dan veinte o treinta clases de lectura y ya han aprendido, es un proceso de aprendizaje de varios años).

Téngalo presente, en todo momento, a la hora de aplicar el método, es un proceso similar al de enseñarle a los más pequeños a leer. Ya sabemos que muchos niños cuando empiezan a leer les parece un rollo y no quieren ponerse a ello, incluso no conseguimos que nos presten atención más de tres minutos. Es posible, al principio de aplicar el método que le ocurra lo mismo con sus hijos; puede que su hijo le conteste rápido y no le preste a penas atención. No se preocupe, es normal.

Cuando eso le ocurra acuérdese de la comparación con aprender a leer y aplique el método desde esa perspectiva, es un proceso constante de aprendizaje. Recuérdelo y actué de la misma manera que le gustaría que el educador de su hijo le enseñara a leer, hágalo de forma relajada y con paciencia. Ya verá como poco a poco lo harán de forma rápida y cuando se quiera dar cuenta, será su hijo el que le aplique el método a usted.

De corazón, espero que el contenido del libro le sea útil.

INTRODUCCIÓN
LOS BENEFICIOS DE FOMENTAR LA INTELIGENCIA EMOCIONAL

En la sociedad actual, vivimos subidos a un tren de alta velocidad, donde las paradas en cada estación para subir al siguiente tren parecen no tener ni un minuto de descanso.

En la gran mayoría de familias, el ritmo de vida es muy acelerado y no es raro encontrarnos totalmente desbordados por la cantidad de cosas que tenemos que hacer durante el día. Tenemos constantemente la sensación de no llegar a todo lo que tenemos que hacer, y el tiempo es uno de los recursos más escasos y valiosos para nosotros.

No es difícil sentirnos estresados y sin apenas tiempo para dedicar a nuestros hijos. Y muchas de las veces, el poco tiempo que tenemos para dedicárselo, lo dedicamos a discusiones, riñas, a resolver conflictos entre hermanos, a inspeccionar si han hecho o no los deberes, a corregirles y decirles cómo tienen que hacer las cosas; y sentimos que nos pasamos el día diciéndoles: "no hagas esto", "así no", "estate quieto", "para"... con el gasto de energía extra que eso supone para nosotros, además del utilizado para afrontar nuestro propio día. Al final, si nos paramos a pensar en el tiempo de calidad que les dedicamos a nuestros hijos, este se reduce a instantes muy muy pequeños.

Han existido épocas en las que la educación tradicional ha funcionado bien, eran épocas donde los niños jugábamos en la calle y adquiríamos muchas de las aptitudes de inteligencia emocional en ella, relacionándonos con los otros niños. En cierto modo, los niños terminábamos siendo autónomos ya que, en muchas de las ocasiones, no solían haber mayores, padres o profesores, controlándonos y teníamos que resolver los problemas que nos surgían, nosotros solos.

En la actualidad, a muchos de nosotros, como padres, se nos hace impensable dejar a los niños jugar solos en la calle por el alto riesgo que implica. Es evidente que las épocas han cambiado, y mucho... Cuando yo empecé a estudiar en la Universidad, ni siquiera existía Google, y muy pocos privilegiados tenían acceso a Internet.

Internet ha significado todo un avance para nuestra sociedad pero, por otra parte, con él han aparecido nuevos riesgos para nuestros hijos, sobre todo cuando no son capaces de tomar decisiones positivas y enfrentarse a los riesgos que se presentan en Internet de forma autónoma. No podemos comparar ninguna época pasada con la época presente, tenemos que aceptar que las cosas cambian y que tenemos que adaptarnos y evolucionar también nosotros.

"No es la especie más fuerte la que sobrevive sino la que mejor se adapta a los cambios". (Darwin)

La educación emocional tiene como objetivo el desarrollo de competencias emocionales, que ayudan a formar una personalidad integral del individuo.

Como padres, y también educadores, el reto de la educación es que seamos capaces de educar para que nuestros hijos, y alumnos, sean adultos independientes, seguros, capaces de gestionar sus vidas y de relacionarse de forma positiva, capaces de resolver problemas y emprender sus proyectos de vida a medida que se convierten en adultos. Pudiendo realizar todo ello de forma autónoma y positiva.

En nuestra sociedad se hace cada vez más notable el problema de que lo que nos enseñan en la escuela no nos sirve para la vida real, que los adolescentes están cada día más desmotivados, que cada día hay más jóvenes con problemas de ansiedad, más fracaso escolar, más estrés. Para mí, la educación se convierte en una cuestión a la que tenemos que prestarle la máxima importancia si queremos que nuestros hijos se conviertan en adultos preparados para la vida y para una sociedad cada vez más exigente.

Las necesidades de la sociedad actual hacen imprescindible que, como padres, favorezcamos el desarrollo de las aptitudes y competencias que son la base de la inteligencia emocional. En el actual y futuro mercado laboral que les espera a nuestros hijos, no les bastará únicamente con tener una formación académica impecable. De hecho, las empresas, hoy en día, se fijan, y fijarán cada vez más en las aptitudes personales que en la formación y experiencia de las personas que quieren contratar, ya que estas últimas son más fáciles de ofrecérselas al futuro trabajador que las primeras.

¿De qué les servirá a nuestros hijos tener una licenciatura, un master y tres idiomas (o cualquier tipo de formación académica), si no saben enfrentarse a los fracasos, no saben cómo gestionar sus miedos, no aprenden a desenvolverse en situaciones que les generan estrés?

La educación intelectual, entendida por la que nos enseñan en la escuela, aun siendo muy importante, está pasando a un segundo plano dentro de la era de la tecnología y la información en la que vivimos actualmente, donde podemos encontrar en cuestión de segundos por Internet diez veces más información que los contenidos en los libros de texto de nuestros hijos. Actualmente, está tomando mucha más importancia la educación emocional, que al fin y al cabo, será la que les dé las herramientas necesarias para afrontar el día a día de sus vidas, la que les permita tomar conciencia de sus mejores recursos para afrontar determinadas acciones, la que les permitirán aplicar en forma de excelencia la educación intelectual que hayan aprendido a nivel académico.

En ningún momento quiero desmerecer la importancia que tiene para nuestros hijos, y la sociedad en general, la educación intelectual. Para mi entender, la educación intelectual y emocional deberían ir de la mano; ya que la educación emocional aumenta exponencialmente lo adquirido mediante la educación intelectual.

En mi formación en Inteligencia Emocional, en Programación Neurolingüística y como Coach, me pasé mucho tiempo preguntándome: "¿Por qué no nos enseñan esto en el colegio? Y si en el colegio no lo hacen, ¿por qué no se lo enseñamos nosotros a nuestros hijos?"

¿Qué pasaría si desde pequeños, aprendiéramos a hablarnos de forma tal que no nos limite, si aprendiéramos a decirnos: "¡Inténtalo, tú puedes!", en vez de: "¿Para qué?, ¡es difícil que salga bien!"; si aprendiéramos a creer en nosotros, si aprendiéramos a gestionar el miedo, la frustración, los fracasos...?

Este libro es mi contribución para que cualquier padre, madre o educador pueda desarrollar la Inteligencia Emocional de nuestras futuras generaciones, dotándoles, además, de herramientas que le servirán para cualquier toma de decisión tanto en su infancia como en un futuro, no tan lejano, como adulto.

¿Qué tiene de ventajoso educar en Inteligencia Emocional?

En primer lugar, aumenta indirectamente el tiempo de calidad que les dedicamos a nuestros hijos, disminuyendo los tiempos dedicados a discusiones, peleas, etc.

La educación en inteligencia emocional nos permite conocer a nuestros hijos como seres únicos que son, nos sorprenderá conocer qué sienten, qué piensan, llegando a comprender mejor por qué a veces actúan como lo hacen.

Mediante la educación en inteligencia emocional ayudamos a nuestros hijos a detectar y gestionar sus emociones, reduciendo las situaciones en las que nuestros hijos están secuestrados por ellas (rabietas, insultos, peleas, ira…).

Poco a poco los padres dejamos de actuar como sargentos del ejército. Dejaremos de centrarnos en "problemas no reales", en las cosas que no nos gustan que hagan nuestros hijos, para pasar a detectar el problema real y centrarnos en buscar la solución a este.

Parece extraño, ¿verdad?, con toda la información que tenemos hoy en día los padres, ¿cómo es posible que cada vez se incremente más el número de jóvenes desmotivados, haya un mayor número de fracaso escolar y más cuadros de ansiedad entre los jóvenes?... ¡Algo está fallando!

Tenemos mucha información, nos preocupamos sinceramente por la educación de nuestros hijos, pero no obtenemos los resultados que queremos; y muchas veces nos comportamos, nosotros mismos, en contra de lo que queremos inculcarles a ellos.

A mi parecer, el problema se encuentra básicamente en los hábitos. Generalmente nos dejamos llevar por nuestras actividades del día a día. Conforme nos van surgiendo problemas, vamos resolviéndolos, sin tener un plan, sin tener un objetivo, sin ni siquiera plantearnos qué es lo que queremos, lo resolvemos y a otra cosa. Básicamente nos los quitamos de encima "... ¡tengo tantas cosas que hacer!". ¿Le suena de algo?

Con la educación de nuestros hijos nos pasa lo mismo. ¿Se ha parado a pensar por qué unas veces nos volvemos como locos riñendo a los niños porque se han manchado la ropa comiendo y otras veces nos reímos por lo mismo?. Si nos paramos a pensar, nos daremos cuenta que depende del estado de ánimo que tengamos ese día y no del comportamiento que ha tenido el niño. Si ese día tenemos un buen día, incluso haremos algún comentario gracioso; si estamos muy cansados o tenemos prisa, terminaremos riñéndole o reprochándole lo que ha ocurrido. Niños y adultos nos movemos básicamente por emociones. Muchas veces lo que le decimos a nuestros hijos lo dejamos depender de las circunstancias y no de los objetivos o valores que nosotros queremos enseñarles.

A veces, muchos de los libros que leemos se quedan en una lectura enriquecedora pero no sacamos el máximo partido de la información que contienen y no lo aplicamos a nuestra vida real, aunque estemos convencidos que mejorará nuestro día a día. El problema radica en que nos encontramos con tantas cosas que hacer y nos resulta a veces tan complicado decidir por dónde empezar que ese hecho, muchas veces, nos paraliza y esas ideas tan fantásticas que nos vendría tan bien aplicar a nuestras vidas, se quedan en eso, en ideas, teoría, que, aunque nos gustaría, no conseguimos pasar a la acción.

Eso es lo que me gustaría cambiar con este libro, que la educación en Inteligencia Emocional no se quede en mera teoría maravillosa, sino que consiga aplicarla en su día a día con la educación de sus hijos, pudiendo desarrollar así su Inteligencia Emocional.

Intentaré guiarles por el camino para ponerlo en práctica y llevarlo a su vida real, a su día a día. Quiero destacar que no se trata de seguir el método tal como se explica a lo largo del libro, adáptelo a su vida, a su tiempo, a las necesidades de sus hijos y a las suyas propias. Empiece por los principios y continúe por el capítulo que considere más necesario o quizá más fácil aplicar a su vida.

No importa cuánto tiempo pueda dedicarle, no es cuestión de tiempo, más bien de constancia, más vale un poquito que nada, poco a poco le será más fácil llevarlo a la práctica. Es posible que muchos días intente poner en práctica la educación en inteligencia emocional y terminen haciendo lo que hace habitualmente… ¡Es normal! ¡No decaiga! Ni usted ni sus hijos están acostumbrados a practicarlo y sobre todo en situaciones de estrés lo normal es que tendamos a realizar lo que hacemos y hemos hecho habitualmente.

Para los casos donde actúa como habitualmente ha hecho, me gustaría que tuvieran una libreta, y cuando se produzcan estas situaciones, en su libreta anotara:

- ¿Qué ha ocurrido? Describiendo la situación.
- ¿Cómo se sentía usted en ese momento, ante esa situación? ¿Qué ha impedido que llevara a cabo la educación emocional?
- ¿Qué podría haber hecho para poder actuar diferente?

Más adelante entenderá el porqué de tantas pregunta y verá que es importante llevar un seguimiento, ya que es una manera muy efectiva de ver de forma clara, qué aspectos tenemos que mejorar.

El libro se estructura como un plan de acción, compuesto por capítulos, que serán los pasos para aplicar, desde el principio de la lectura, su propio Plan de Educación y así fomentar la Inteligencia Emocional de sus hijos:

Capítulo 1- Empiece por los principios.

Es el primer paso para aplicar la Educación en Inteligencia Emocional. Son los principios que guiarán el método, y que debería tener presente todos los días.

Capítulo 2- Las Emociones.

Para educar en Inteligencia Emocional es imprescindible que nuestros hijos identifiquen y conozcan sus emociones, que sean conscientes de que las emociones se manifiestan para movernos a realizar una acción determinada, y que aprendan a expresarlas para poder gestionarlas correctamente. Enseñaremos a nuestros hijos a detectar cómo las distintas emociones muestran señales en nuestros cuerpos y ayudaremos a identificar igualmente las señales circunstanciales.

Capítulo 3- Cómo evitar el Secuestro Emocional.

También es importante enseñar a nuestros hijos a que ante determinadas señales físicas y/o circunstanciales tenemos que aprender a actuar de forma tal que permita evitar el impulso instintivo, el secuestro emocional. La relajación, aprender a mantener la calma, etc., les ayudará a evitar actuar instintivamente.

Capítulo 4- Enseñe a sus hijos a tomar decisiones de forma autónoma.

Usted y sus hijos podrán aprender a centrarse en el problema real, no en la consecuencia del problema, que es lo que suelen hacer nuestros pequeños, y muchos adultos también. Aprenderán a buscar alternativas, opciones, a pensar en las consecuencias de cada una de ellas y a valorar cuál es la mejor solución para su problema real.

Capítulo 5- Realice su propio Plan de Educación en Inteligencia Emocional.

Una vez haya leído el libro y tenga la información de todos los pasos a seguir, realice un plan para llevar a cabo la educación en inteligencia emocional. Como cualquier plan de educación de una asignatura en el colegio, instituto, universidad…, planifique cómo lo va a llevar a cabo, póngase en el papel del profesor, haga de formador. Sabiendo los objetivos a cumplir, cómo va a realizarlo con sus hijos (alumnos). ¿De qué recursos dispone? ¿Tiempo? ¿Qué pasos quiere adecuar a su vida real?...

Capítulo 6- Establecer Límites Claros.

Educar en inteligencia emocional, no es excluyente de fijar a nuestros hijos unas normas y límites claros y específicos. Los niños necesitan que los adultos les fijen una serie de pautas y normas bien definidas y establecidas para saber qué tienen que cumplir.

Capítulo 7- La importancia de un proyecto de Familia.

En este capítulo haré hincapié también en el proyecto familiar y en la importancia que tiene definirlo, identificando la misión, visión y valores de su familia

Y por último,

Adecúe el proceso a sus hijos.

Es importante adecuar todo el proceso a la edad y desarrollo de nuestros hijos. No podemos pedirles ni esperar lo mismo dependiendo de su edad y nivel de madurez.

CAPÍTULO 1
EMPEZAR POR LOS PRINCIPIOS

Cuando educa con Inteligencia Emocional es usted el que aplica las bases de la Inteligencia Emocional en el día a día con sus hijos, lo que hace es poner en práctica su propia Inteligencia Emocional; si educa en Inteligencia Emocional enseña esas bases para que sus hijos puedan practicarlo en sus vidas.

En ambos casos, el proceso de educación en o con Inteligencia Emocional se construye sobre unos cimientos muy firmes, principios básicos que debemos respetar en todo momento. Aplicando estos principios en su día a día, el cambio que notará en la relación con sus hijos y en su familia, en general, será espectacular.

PRINCIPIOS BÁSICOS PARA EDUCAR CON INTELIGENCIA EMOCIONAL:

PRINCIPIO Nº 1: APRENDA A ESCUCHAR A SUS HIJOS SIN JUZGARLOS.

En general, los padres, ante un conflicto, solemos preguntar a nuestros hijos qué ha pasado, para obtener la información justa y necesaria y poner fin a esa situación. A veces, sin que los niños hayan terminado de contarnos lo sucedido, ya hemos dado un veredicto, impuesto un castigo, etc. Sin darnos cuenta, los adultos, les estamos constantemente transmitiendo a los niños cómo deben sentir, creer y pensar.

En una pelea entre hermanos o niños, sin apenas escucharles ya estamos solucionando la situación, dando soluciones del tipo: "ya no jugáis más a eso", "cada uno a su habitación", "me quedo con el juguete y se acabó la pelea", "no tenéis que pelearos", "aprender a compartir o no jugáis más", etc.

Quizá cuesta un poco darse cuenta, pero estas soluciones no dejan de ser soluciones momentáneas:

En primer lugar, no son nuestros hijos los que solucionan el problema, y, lo más probable será que, cuando se vuelva a presentar una situación similar, al no darles la oportunidad de adquirir el hábito y la destreza para resolver sus problemas por ellos mismos, no intentarán solucionarlo, esperando que acuda usted. Si no se les enseña la habilidad de resolver sus problemas, ni siquiera contemplarán esta opción.

En segundo lugar, y aún más importante que el anterior; si se dan cuenta, la mayoría de veces los padres, o adultos a cargo del niño, no nos centramos en el problema real, nos centramos en la consecuencia del problema. El problema real es una mala gestión de emociones por parte del niño, y como consecuencia de esa mala gestión, se produce un acto determinado que desemboca en una pelea, discusión, etc. No es la pelea la que tendríamos que resolver, sino la gestión de las emociones que llevan a que ese hecho acabe en una pelea, discusión, etc.

Hágale preguntas a su hijo para obtener más información de la que usted está acostumbrado a obtener, y de la que ellos están acostumbrados a ofrecerle. Y aunque no le den la respuesta que usted espera escuchar, respétela en todo momento.

Hágase experto en hacer preguntas claves para saber cuál es el verdadero problema, pero pregunte sin intentar dar una solución, solo nos interesa saber qué ha sucedido, pero no se trata solo de que nosotros obtengamos información. Tratamos, principalmente, de enseñarles a nuestros hijos cómo ser independientes a la hora de resolver sus propios problemas, enseñarles a analizar la situación y a pensar por sí mismos, ese es nuestro objetivo.

Si ante una situación de conflicto, usted es capaz de mantener la calma, y adopta una postura desde la comprensión, este principio permitirá que se calmen las aguas de la tormenta casi en la totalidad de situaciones que se presenten en su vida. Es necesario que aprenda a distanciarse del problema y no asuma el papel de experto que da la solución, sino el de maestro que le enseña a analizar la situación.

Este principio se basa en hacer preguntas del tipo:

-¿Qué ha pasado?

Si la discusión ocurre entre varios hermanos seguramente será mejor que empiece por el mayor porque generalmente tendrá mayor facilidad para expresarse. Pregunte siguiendo un orden y respeto en las intervenciones, primero empiece con uno y cuando haya terminado el "interrogatorio" continúe con el otro.

-¿Quién fue el causante de eso?

Recuerde que no buscamos culpables, ni soluciones, solo hechos. Pregúntele a su hijo:

-¿Cómo te sentiste cuando sucedió?

Si vemos que a nuestros hijos se les hace difícil expresar sus emociones puede ser interesante ir viendo el capítulo dedicado a las emociones. Aun así, aunque su hijo solo pueda decir que se sintió bien o mal, siga este principio, porque, cómo se sintió, es el desencadenante de lo que ocurrió… el verdadero "problema". (Entrecomillo problema porque el problema real no es la emoción, sino la gestión de esa emoción, es importante aclararlo).

-¿Cuál fue tu reacción? ¿Qué hiciste entonces?

La respuesta que nos dé o den aquí seguramente no nos guste pero no olvide que no tenemos que juzgarles, pasó así, y ya está, aun queriendo no podríamos retroceder y borrar el hecho pero si podemos intentar que no se repita.

Cuando lleguemos a esta pregunta, nos daremos cuenta como muchas de las peleas, discusiones, rabietas, etc. de nuestros hijos (incluso de nosotros mismos) se deben a lo que en Inteligencia Emocional se llama "Secuestro Emocional" que, en definitiva, no es más que impulsados por una emoción muy fuerte, reaccionamos inconscientemente sin pensar en las consecuencias.

Siendo honestos, nosotros los adultos, realizando nuestro rol de padres, hemos experimentado, más de una vez que es el secuestro emocional; y nos hemos encontrado envueltos en situaciones donde nos descubrimos perdiendo los estribos y donde una vez más calmados, nos arrepentimos de nuestra acción e incluso nos avergonzamos de nuestro comportamiento.

Para empezar a aplicar la Educación en Inteligencia Emocional mi propuesta es empezar por este principio y seguir con el resto. Empiece por escuchar lo que les sucede a sus hijos, pregúnteles para obtener tanto usted como ellos mismos más información sobre lo que les ocurre a ellos (no tanto sobre el hecho en sí) e intente no juzgarles. Recuerde que a usted también le han secuestrado las emociones en algún momento de su vida, y usted, es un adulto con más experiencia en la vida que ellos.

Cuando un niño se porta como decimos algunos padres "mal", en general habrá sido porque no ha sabido gestionar sus emociones de manera positiva. Por lo que para ayudarles a hacerlo tendremos que buscar el momento en que han aparecido esas emociones, qué noto en su cuerpo, qué pensaba su hijo en ese momento… Como he comentado anteriormente, no se trata de obtener información del suceso en sí, sino de obtener información sobre lo que les ocurre a sus hijos que les hace terminar reaccionando de esa manera; ¿qué emociones, estados fisiológicos (palpitaciones, apretar puños...) tienen?

Cuando sus hijos estén más calmados, podría hacerles preguntas para generar y ampliar otras posibilidades de actuación, haciéndoles tomar conciencia de que existen varias posibilidades y no solo una.

-¿Qué tuvo de positivo tu reacción?

-¿Y qué tuvo de negativo?

-¿Qué otra reacción podrías haber tenido?

Piense en las preguntas que mejor se adapten a sus hijos. Una idea es anotar en una hoja una guía de preguntas, y tenerlas a mano. Puede que al principio solo haga cuatro o cinco y que después de una situación conflictiva se le ocurran preguntas que podría haber hecho, es interesante que anote esas preguntas en la lista. Al final, solo utilizará seis o siete de forma automática, pero no está de más tener un apoyo, una lista de posibles preguntas, sobre todo al principio de ponerlas en práctica.

Un consejo, no pregunte ¿por qué?, (¿por qué has actuado así?, ¿por qué has hecho eso?) seguramente su hijo no sabrá responderle, sentirá que ha hecho algo mal, y tratará de justificarse, por lo que se posicionará en una actitud defensiva, que no es la que nos interesa que adopte. Nuestro objetivo es que en todo momento haya un clima de colaboración. Para ello necesitamos que nuestra actitud también sea de colaboración, escucha y apoyo.

Queremos educar a nuestros hijos para que sean autónomos en la solución de sus problemas, que respondan de manera positiva por sí mismos, por tanto, no trate de solucionar el conflicto. No les estaremos ayudando mucho si somos nosotros los que les damos la solución; cada persona es única (como veremos en otro principio) y su solución puede ser la mejor para usted, pero tal vez no sea la mejor para su hijo. Lo que queremos conseguir aplicando este método es ayudar a nuestros hijos a encontrar sus propias soluciones.

Aplicando este principio, podrá comprobar cómo se disipará automáticamente el conflicto y las aguas se calmarán. Esto no quiere decir que no tenga que seguir actuando, pero intente hacerlo desde la calma y la compresión. Trate a su hijo como le gustaría que le tratara su profesor u otro adulto, que no es usted, ante una lección que ha de aprender.

Es importante que no adopte una postura amenazadora, hágales preguntas desde la calma. Si sabe que el niño miente, no se lo diga, no desafíe al niño en una situación de estrés, siga interrogando desde la calma, desde una postura más bien de desconcierto, de ignorancia... Para ser más claros, "hágase el tonto" haciendo preguntas y afirmaciones estúpidas a lo que le cuente... Si ha roto un vaso y dice que no ha sido, pregunte cosas del tipo... ¿Entonces se ha movido solo hasta el suelo?, ¿cómo ha podido ocurrir algo así?, ¿igual ha habido un terremoto? Pero no lo haga desde la ironía, acuérdese del detective Colombo, interrogaba a los sospechosos desde su actitud de confusión, se rascaba la cabeza intentando comprender, actúe como él. Su hijo al final le contará la verdad, y no culpándole conseguirá que no lo haga desde una actitud defensiva.

En el momento que le decimos al niño que miente, es muy difícil trabajar de forma calmada con ellos, se pondrán a la defensiva y no nos interesa. Como padres, póngase en su lugar, no mienten porque son mentirosos por naturaleza, sino porque quieren evitar que les castiguen, riñan, o simplemente que sus padres sepan que han hecho algo mal. Cuando los niños noten que, como padres, estamos para apoyarles y no para recriminarles, dejarán el hábito de mentir a un lado, pero es muy importante para aplicar este principio que los niños se sientan apoyados y acompañados, dejando a un lado actitudes amenazadoras por nuestra parte.

Otra cosa que puede hacer para aplicar este principio, es que el niño lo vea en usted. Hágalo usted en su día a día, sirva de modelo para su hijo. La imitación es una habilidad con la que todo niño nace, no es una habilidad que tenga que aprender, es su modo de aprendizaje natural, por lo que es una forma muy sencilla para que su hijo vaya aprendiendo a pensar en sus conductas y adquirir la habilidad de resolver sus problemas.

Sirva de modelo, ante situaciones de conflicto o donde usted pueda ser presa también de un secuestro emocional, hágalo, aunque haya tenido una actitud que podríamos llamar "no apropiada", será un gran ejemplo para su hijo mostrar que usted también comete errores y, ante eso, tiene dos opciones, frustrarse por no haberlo hecho como quería o dar una gran lección a su hijo y, a la vez, aprender usted de su propio error.

En voz alta, comience por volver a mantener la calma si la ha perdido y continúe haciéndose en voz alta, para servir de ejemplo a su hijo, las mismas preguntas que le haría a él: "¿Qué ha ocurrido?" "¿Cómo me sentí?" "¿Cuál fue mi reacción?" "¿Cómo me siento ahora?" "¿Qué podría haber hecho para actuar de otra manera?". Será bueno también, que le pida opinión a su hijo cuando se pregunte, por ejemplo, "¿Qué tuvo de positiva mi reacción?" "¿Qué tuvo de negativa?" "¿Qué podía haber hecho?". Lo que le pedí que hiciera y anotara en un cuaderno en la introducción, también lo podría repasar con sus hijos.

Es cierto que este principio requiere en un primer momento más tiempo y atención que el que requiere decirle al niño lo que tiene que hacer, pero merece la pena y es una inversión de futuro para su hijo y para usted, compruébelo. Al principio, tendrá que dedicar más tiempo que el que puede utilizar en un conflicto normal, soy consciente de que vivimos en una sociedad muy impulsiva y que, la gran mayoría de nosotros, justo lo que necesitamos es tiempo, pero poco a poco será más rápido y se reducirán las veces que tendrá que utilizarlo, ya que su hijo aprenderá a hacerlo solo, reduciendo los conflictos y la intensidad de estos.

RESUMEN: LISTA DE PREGUNTAS ANTE UN CONFLICTO.

Le invito a adaptar estas preguntas al lenguaje que se utiliza en su familia y a completar la lista con preguntas propias, que se le ocurran o que tras un conflicto considere que podía haber hecho:

- "¿Qué ha pasado?"
- "¿Qué ha ocurrido antes de eso?"
- "¿Qué estabas haciendo tú?"
- "¿Qué estaba haciendo la otra persona?"
- "¿Quién fue el causante de eso?"
- "¿Cómo te sentiste cuando sucedió?" (puede ayudarle ¿enfadado?, ¿triste?, ¿avergonzado?...).
- "¿Qué hiciste entonces?"
- "¿Cuál fue tu reacción?"
- "¿Qué tuvo de positivo tu reacción?"
- "¿Y qué tuvo de negativo?"
- "¿Qué podrías haber hecho para evitar esa reacción?"
- "¿Qué otra reacción podrías haber tenido?"

Si no sabe contestarle a esta pregunta, haga que imagine que es un personaje X real, imaginario o de dibujos:

- "¿Y "X" qué crees que habría hecho?"
- "¿Y qué crees que pasaría si hubieras actuado así?"
- "¿Es positivo?" "¿Es negativo?" "¿Qué otra cosa podría hacer X?"
- "¿Qué te gustaría a ti que hubiera pasado?"
- "¿Cómo te hubieras sentido si hubieras actuado así?"

EJEMPLO DE CONFLICTO:

Dos hermanos, Juan 9 años y María 6, se están peleando en la habitación.

Empezamos por Juan:

"¿Qué ha pasado? —*María no me deja en paz.*

¿Qué ha ocurrido antes de eso? —*Estaba jugando con la Tablet y ha venido a quitármela.*

(María grita: *"Se la he pedido muchas veces y no me la daba... Él la tiene todo el rato".*

Adulto: *"No te preocupes, María, ahora hablo contigo y me lo cuentas"*).

¿Cómo te sentiste cuando te quiso quitar la Tablet? —*Me cabreó mucho, estaba enfadado.*

¿Qué hiciste entonces? —*Le dije que parara.*

¿Hiciste algo más? —*La empujé.*

¿Qué tuvo de positivo empujarla? —*Nada.*

¿Y de negativo? —*Que seguro que nos quitas la Tablet a los dos.*

¿Qué otra cosa podrías haber hecho? —*No lo sé.*

Si esto le hubiera pasado a Harry Potter. ¿Qué hubiera hecho él? —*Le hubiera dejado la Tablet a su hermana, seguro.*

¿Qué hubiera tenido de positivo eso? —*No nos hubiéramos peleado.*

¿Qué te hubiera gustado a ti que hubiera pasado? —*Pues me hubiera gustado terminar la partida."*

Seguimos con María:

"¿Qué ha pasado? —*No me dejaba jugar con la Tablet.*

¿Qué ha ocurrido antes de eso? *—Se la he pedido muchas veces y no me hacía caso.*

¿Qué estabas haciendo tú mientras le pedias la Tablet? *—Diciéndole que me la dejara.*

¿Solo hablabas o hacías algo más? *—Lo tocaba para que me escuchara, es que no me hacía caso.*

¿Y qué hacía Juan? *—Me decía que parara y seguía jugando sin hacerme caso.*

¿Cómo te sentías? *—Muy enfadada.*

¿Qué hiciste entonces? *—Como no me hacía caso se la quité.*

¿Qué otra cosa además de quitársela, podrías haber hecho? *—Te lo podría haber dicho a ti.*

¿Qué te hubiera gustado a ti que hubiera pasado? *—Me hubiera gustado que me la hubiera dado. Él la tenía mucho rato.*"

Como ve lo único que tiene que hacer es analizar la situación, no tiene que entrar en juicios, no se trata de darles, ni que ellos le den a usted, algún tipo de solución, ni de que usted les diga lo que tienen o no tienen que hacer. Solo estamos siguiendo una guía de preguntas para fomentar que sus hijos aprendan a analizar las situaciones. De momento no intentamos resolver ningún conflicto, intentamos enseñarles a analizar. Si no están acostumbrados a hacerlo, es fácil que muchas de las preguntas las respondan con un "no lo sé" y también es fácil encontrarnos que nuestros hijos adoptan una actitud defensiva, muchos están acostumbrados a que cuando nos cuentan lo que ha sucedido en un conflicto, esperan por nuestra parte, una reprimenda. Para que esa actitud desaparezca, tenemos que ser totalmente imparciales. Tenemos que dejar a un lado nuestro rol de resolutores de conflictos y pasar a enseñarles herramientas que poco a poco le ayudarán a que ellos mismos resuelvan sus propios conflictos de una manera menos impulsiva y más racional.

¿PARA QUÉ TANTA PREGUNTA?

Los seres humanos actuamos por impulsos, movidos por la información que captamos de la realidad (nuestra versión de los hechos). Cuando no tenemos información suficiente, nuestro cerebro se encarga de rellenar los datos vacíos, de nuevo con nuestra versión de los hechos, de forma totalmente subjetiva. Y con toda esa información, muchas veces más subjetiva que objetiva, actuamos.

Completar la información de los hechos con datos subjetivos nos lleva en ocasiones tanto a pequeños como a adultos a tener pensamientos del tipo:

«Después de que mamá le dé el juguete a un hermano, el otro piensa o dice: *"Lo quieres más a él que a mí"*».

Ese niño solo se está quedando con el dato de que a él no le ha dado el juguete y cuando la madre le da el juguete al otro hermano, como no analiza más datos, rellena su realidad con la afirmación: "le quiere más a él". El niño no solo hace esa afirmación, su cerebro ha creado su versión de los hechos y, para ese niño, esa es la realidad: su mamá quiere más a su hermano que a él y así es como se siente. Aunque la realidad sea otra, para el pequeño su realidad es esa, y la siente como tal.

El no haber analizado la situación real y haber rellenado la información con datos subjetivos, lleva a sentir al niño que su mamá quiere más a su hermano que a él. Y si por determinadas circunstancias, este hecho se repite de nuevo o varias veces más, si el niño sigue rellenando sus datos de forma subjetiva, se estará reforzando esa creencia en el niño y será muy fácil ver un sentimiento de celos hacia su hermano. El niño lo vivirá como un hecho totalmente real.

Esto que acabo de explicar con el ejemplo de un niño, a nosotros los adultos también nos ocurre y actuamos rellenando datos de forma subjetiva igual que hace el niño. Si no nos paramos a analizar la situación, muchas veces acabamos realizando afirmaciones del tipo.

Mi jefe no me ha saludado: *"algo está pasando", "está enfadado conmigo"...*

Mi pareja no me ha felicitado por mi cumpleaños: *"no le importo", "no me quiere"...*

Cuando empiece a utilizar este tipo de preguntas, se dará cuenta que tanto su hijo como usted mismo tenderán a responder con juicios subjetivos más que con datos objetivos. Lo que intentamos conseguir realizando estas preguntas, es que el niño aprenda a analizar la situación y a responder con datos lo más objetivos posibles.

Este tipo de preguntas sirven para fomentar que nuestros hijos desarrollen esa habilidad de análisis, educándolos desde la infancia para que se hagan esa serie de preguntas y completen sus realidades con datos lo más objetivos posibles para que su cerebro rellene el mínimo de información subjetiva, que muchas veces nos llevan a vivir y sentir emociones, nada agradables, sin ser una situación real.

No será necesario hacer todas las preguntas en cada situación. Lo importante es que empiece a aplicarlas en sus vidas de forma habitual para que sus hijos vayan tomando contacto con el autoanálisis. Es muy probable que a sus hijos les cueste en un primer momento responder a estas preguntas ya que en general no estamos acostumbrados a analizar las situaciones y a analizarnos a nosotros mismos.

Aprendiendo a escuchar a nuestros hijos sin juzgarles será más fácil que cuando realicemos las preguntas estos sean más sinceros y su predisposición para responder a las preguntas sea más positiva, siendo más fácil fomentar esta habilidad.

En cuanto al tiempo de dedicación, al final de este capítulo les voy a pedir dos cosas que espero que me concedan.

PRINCIPIO Nº 2: EQUIVOCARSE ES BUENO.

Cuando reprimimos a nuestros hijos con expresiones del tipo: "Así no, quita, no sabes, lo estás haciendo mal", no les estamos haciendo ningún favor. La mayoría de veces causamos el efecto contrario a motivarles a aprender. Los paralizamos y los hacemos sentir personas no válidas.

¿Cuántas veces no hemos hablado con una persona inglesa porque nuestro nivel es bajo y tenemos miedo a equivocarnos?, ¿o no hemos hablado en clase, dicho algo en una reunión de trabajo, amigos, etc., por miedo a equivocarnos?, ¿o cuántas veces hemos abandonado algo tras un par de resultados negativos?

Este principio es uno de los postulados de la Programación Neurolingüística, el postulado dice: "No existe el fracaso, solo resultados". La base de este postulado y de este principio en general, es no asociar al concepto equivocación o fracaso, una percepción negativa, como la gran mayoría de nosotros estamos acostumbrados a asociar. De hecho, para la gran mayoría de nosotros, el simple hecho de pensar en fracasar en algo, en no ser capaces de hacerlo bien, nos paraliza… "¿Qué haría usted diferente en su vida si no tuviera miedo a equivocarse, miedo al fracaso? Y… ¿por qué no lo hace?".

Hacer uso de este principio en la educación de sus hijos permitirá enseñarles que si no son capaces de conseguir algo, solo significa que todavía no lo han conseguido, cada error puede enseñarles algo. Un fracaso, una equivocación, un error no es más que una experiencia, algo de lo que pueden aprender. Aprenderán a que cuando algo les salga mal, en lugar de abandonar, estudiarán ese error y serán capaces de buscar un aprendizaje de esa experiencia.

Hacer algo "mal" permite a su hijo aprender a rectificar y a buscar otras posibilidades. Los niños tienen que experimentar, tienen que probar las cosas para saber que así no se hace, solo así tomarán conciencia de que en su vida se equivocarán muchas veces, y no pasa nada, la equivocación forma parte de la vida y es algo normal.

Cuando les mostramos a nuestros hijos que los errores son normales, que todo el mundo se equivoca (incluso sus padres), y que eso no significa fracasar (desde la perspectiva negativa), su hijo podrá avanzar con mayor facilidad, sin frustraciones en su aprendizaje y sin miedos a no estar a la altura de las circunstancias.

"El fracaso es la opinión que alguien tiene sobre cómo se deberían hacer las cosas". Wayne Dyer

Este principio es muy fácil de llevar a cabo, solo necesitará dejar a su hijo que pruebe, que sea él el que haga las cosas. Puede que no lo haga a su manera, o de la manera más óptima, pero lo hace, poco a poco mejorará, y quien sabe, igual le sorprenda haciéndolo mejor que usted.

Muchas veces, nos encontraremos a nuestros hijos disgustados porque no les salen las cosas, en estos casos muéstrele que a usted o a los adultos también nos ocurre, póngale ejemplos de cuando ustedes intentan hacer cosas nuevas, de cuando él aprendió a andar o a montar en bici o a comer con cuchara, háblele de ello. Muestre en su día a día que equivocarse es normal, que a usted también le pasa y hable abiertamente de sus errores y equivocaciones. La frustración viene porque sus hijos también asocian el fracaso o error a una falta de capacidad por su parte, pero poco a poco su hijo tomará conciencia de que no se trata de él, que la equivocación y los errores forman parte de la vida.

Pero es importante que evite comentarios del tipo: "¡Así no!, trae", "no lo haces bien", "tú no puedes", etc. No le reproche o riña por equivocarse, intente que aprenda del error, intente ayudarle a que saque un aprendizaje de esa experiencia. Todos nos equivocamos, se trata de aprender de los errores, no de sentirnos mal por haberlos cometidos.

Es posible que se encuentre usted mismo, en un determinado momento, diciéndole a su hijo que así no se hace algo e intentando hacerlo usted por él, o perdiendo la calma en una situación donde, en su opinión, sería más adecuada mantenerla. De nuevo, en vez de frustrarse, tómelo como algo positivo, aprovéchelo para dar un ejemplo a su hijo de que usted también se equivoca y que no pasa nada, poco a poco aprenden de los errores y están más cerca de alcanzar el éxito. Rectifique, pídale disculpas por haberle parado, busque la causa del error y deje que continúe intentándolo él, o muéstrele cómo vuelve a intentar retomar la calma que había perdido, en definitiva, vuelva a hacer de modelo para sus hijos.

Una aclaración, que quería hacer para que no quedara ninguna duda, en este sentido, es que cuando hablo de dejar a sus hijos que prueben, que sean ellos los que hagan las cosas y se equivoquen, me refiero a cosas que no los pongan en peligro. Por supuesto, no me refiero a ninguna actividad que pueda poner en peligro al niño.

PRINCIPIO Nº3: PERMITA QUE SUS HIJOS EXPRESEN SUS EMOCIONES.

No niegue sus emociones ni las infravalore con expresiones como: "Eso no es nada" o "eso no es para llorar, o enfadarse..." o "no te pongas así".

Por supuesto, tampoco se burle de sus emociones y respételas, deje también atrás expresiones del tipo: "Mírate, llorando como un bebe" o "si te enfadas no te hago caso".

No cumplir este principio puede ser peligroso, como padres (en general, cualquier persona) tenemos que concienciarnos a que las emociones no las podemos evitar. Las emociones son las que son y tenemos que aprender a gestionarlas, pero nunca las tenemos que evitar o esconder.

Muchos problemas psicológicos y físicos de los adultos y cada vez de más niños son debidos a no prestar atención a determinadas emociones, a ocultarlas, a hacer como que no existen, ya sea a exigencia de otras personas (padres, parejas) o porque nosotros mismos consideramos que tapando la emoción, esta desparece. Craso error, no solo no desaparece la emoción sino que, al no gestionarlas debidamente, estas emociones acaban pasando factura porque nos guste o no, nuestras emociones forman parte de cada uno de nosotros, es lo que caracteriza a los seres humanos.

Cada persona, como única que es, puede sentir emociones muy distintas en una misma situación, por tanto es muy importante que aprenda a respetar las emociones de sus hijos. Lo que para usted puede no tener importancia, para sus hijos u otra persona puede significar algo muy importante.

Si enseñamos a nuestros hijos a reprimir sus emociones o no les ayudamos a que las manifiesten, al final esas emociones buscarán la manera de ser exteriorizadas. ¿Cómo? Se exteriorizan en acciones como las que definen a los niños que solemos etiquetar como tristes o violentos o miedosos, o se exteriorizan en niños que aparentemente están bien pero que por las noches rechinan los dientes, o se muerden las uñas… Pueden manifestarse de un sinfín de maneras, pero lo cierto es, nos guste o no, que tarde o temprano las emociones reprimidas, se manifiestan, y no suelen exteriorizarse de la manera más eficaz para la persona. Puede leer multitud de estudios, libros y artículos que hablan sobre ello.

Si enseña a su hijo a ser consciente de sus emociones, a verlas como algo natural, del ser humano, de lo que no puede huir; si les enseña a detectarlas y a expresarlas, entonces serán capaces de gestionarlas de forma positiva. Y cuando aprenda a gestionar sus emociones de forma positiva, muchas de las tensiones y estrés que tienen ahora, se disiparán. Puede probarlo usted mismo con las suyas, es algo que usted también puede aprender, y que mejorará notablemente la calidad de su vida. Verá cómo se reducen también sus secuestros emocionales y cómo aumenta su sensación de tranquilidad en muchas situaciones.

Como he comentado en los otros principios, si en alguna ocasión, se encuentra diciéndole a su hijo que lo que le pasa no es nada, que no tiene que llorar por eso, etc. Aproveche la circunstancia para servir de modelo, rectifique, pida disculpas, busque la causa que le llevó a actuar así, y vuelva de nuevo a actuar aplicando este principio. Junto con este principio aplique el principio Nº1. Escuche a sus hijos sin juzgarlos y pregúnteles, desde el respeto y la comprensión.

De momento aplíquelo como principio, entraremos en más detalle con el tema de las emociones en el siguiente capítulo.

PRINCIPIO Nº 4: CADA NIÑO ES ÚNICO.

Seguro que habrá escuchado esto más de una vez. Y si tiene hijos, o hermanos, habrá podido comprobar que no siempre ha funcionado o funcionan las mismas cosas para todos.

Como he comentado anteriormente, cada persona reaccionamos de forma distinta ante situaciones similares. De hecho, si como adultos hacemos acopio de nuestra inteligencia emocional no trataremos de igual manera a distintas personas aun queriendo obtener el mismo resultado; no venderemos igual nuestro producto a una persona o a otra; no actuaremos igual para caer bien a una persona o a otra…

En nuestro caso, nuestro objetivo es aplicar con éxito la Educación en Inteligencia Emocional con nuestros hijos y para que funcione tenemos que tener muy en cuenta este principio. Cada niño (como cada persona) debe tratarse según sus características individuales.

Todos aprendemos a través de nuestros sentidos (vista, oído, olfato, gusto y tacto) es la vía por la cual la información llega a nuestro interior. En Programación Neurolingüística, se habla de canales de aprendizaje VAK (visual, auditivo y kinestésico; este último engloba olfato, gusto, tacto). Cada uno de nosotros desarrolla estos canales de forma diferente. Todos aprendemos por los tres canales de aprendizaje, no solo por uno de ellos. Pero es cierto que tenemos tendencia a utilizar unos canales más que otros. Detectar estas preferencias y tenerlas en cuenta es interesante para que sea más sencillo acceder, en este caso a nuestros hijos.

Por ejemplo, cuando a usted le presentan a una persona que no conoce, ¿qué es más fácil recordar para usted?: ¿su cara (visual), su nombre (auditivo), la impresión que le produjo en general la persona (Kinestésico)? Cada uno contestaremos una cosa diferente porque tenemos desarrollado más un canal de aprendizaje que otro.

Las personas más visuales, disfrutan mucho dibujando, viendo tv, leyendo. Es fácil, que con frecuencia no encuentren las palabras adecuadas para expresarse pero saben perfectamente lo que quieren decir. Son capaces de absorber grandes cantidades de información con rapidez siempre que tengan un soporte visual, libro, dibujo, etc. A una persona visual si le habla desde un lado, se girará inmediatamente buscándole para incluirlo dentro de su campo visual. Es algo que debería tener en cuenta porque si su hijo es predominantemente visual, será complicado que este le haga caso si le habla sin mantener contacto visual, puede utilizar dibujos, esquemas, etc., para dejar claro las cosas que crea importantes. Tenga en cuenta que les cuesta recordar lo que oyen y no tanto lo que ven, también suelen expresar sus emociones con gestos.

Las personas más auditivas, suelen disfrutar escuchando música, cuando leen normalmente lo hacen en voz alta o susurrando, a veces los verá hablando solos o moviendo los labios como si estuvieran hablando. Suelen encontrar las palabras adecuadas cuando hablan. Para procesar la información necesitan escuchar una grabación mental paso a paso, si se olvidan de un paso o una palabra les cuesta mucho seguir. No es un canal rápido para relacionar conceptos, pero sí ideal para aprender idiomas, para la música, etc. En nuestros niños nos será muy útil si son preferentemente auditivos hablarles de forma ordenada y que ellos puedan interactuar también hablando y explicándolo a su manera, para que sea más fácil que guarden en sus cabecitas esa información. Aprenden lo que oyen a base de repetirse a ellos mismos muchas veces el proceso. Intente evitar sermonearles mucho porque será fácil que se pierdan. Sea directo, ya que almacenan la información de manera secuencial y por bloques enteros, intente no mezclar temas porque será fácil que se pierdan. Se distraen mucho cuando hay ruidos. Y les resultará relativamente más fácil expresar sus sentimientos verbalmente.

Las personas más kinestésicas, disfrutan con el contacto físico, se comunican con gestos, sensaciones, se acercan mucho buscando el contacto físico cuando hablan. Aprender por el canal kinestésico es mucho más lento que los otros dos canales, pero el aprendizaje que realizan es mucho más profundo, más difícil de olvidar. Se sienten más cómodos realizando proyectos, en el laboratorio, en definitiva, viviendo el aprendizaje. Los niños kinestésicos necesitan moverse para aprender, cuando estudian, muchas veces se pasean por el aula o la habitación o si no pueden, se balancean en la silla. Aprenden con lo que tocan y lo que hacen. Necesitan estar involucrados en la actividad, son niños que viven lo que hacen, les encantan las historias de acción, donde ocurren cosas y se mueven como si fueran los protagonistas. Cuando a estos niños se les habla de forma visual o auditiva se distraen fácilmente, intente no hablar de detalles hable más bien de sensaciones físicas. Almacenan la información mediante la memoria muscular. Funciona mucho con estos niños que representen roles, hacerles ponerse en sus zapatos, decirle por ejemplo: "¿Qué ocurre cuando haces…? Venga haz de mamá, ¿qué hago yo?", en definitiva hacer que sienta lo que ocurre y lo que queremos qué ocurra. Suelen expresar sus emociones con movimientos.

Una cosa que quiero aclarar es que un niño que busca el contacto físico de sus padres o sus seres queridos no tiene por qué ser kinestésico, es lo normal, en la mayoría de niños, ya sean preferentemente visuales, auditivos o kinestésicos. Cuando hablamos de buscar contacto físico, me refiero con la gran mayoría de personas, seres queridos o simplemente conocidos.

Una vez aclarado esto, nos podemos dar cuenta que no es efectivo hablarle de la misma manera a un niño preferentemente visual que a un niño kinestésico. La información que trasmite no la van a recibir, ni procesar de la misma manera. Por tanto, es necesario que nos adaptemos a nuestros hijos y que seamos capaces de reconocerlos como seres únicos.

Este es un ejemplo que me ha parecido interesante para mostrar un aspecto que hace necesario, en nuestra educación, que no usemos la misma vía de aprendizaje para todos nuestros hijos (o alumnos) porque es posible que llegue a unos y otros no[1].

Pero hay muchas más razones por las que cada persona, y en este caso, su hijo, ha de ser tratado como un ser único, respetarlo en todo momento desde la comprensión. La forma en la que nos invaden las emociones, son diferentes en cada persona porque la manera de procesar la información que recibimos del exterior también es diferente para cada uno de nosotros, las experiencias que hayan vivido y que estén viviendo en este momento en casa, o en el colegio o con los amigos, también va a hacer que la manera de procesar su información y su realidad sea única. Y solo desde el respeto podemos llegar a conocer qué ocurre en cada uno de ellos y poder ayudarles a desarrollar habilidades que a él le sirvan para su día a día. Quizá a su hermano o a usted, le sirven otras.

Hay una máxima de la Ética que es:

"Trate a los demás como le gustaría que le trataran a usted".

Este sin duda es un buen principio ético, un principio que como mínimo todas las personas deberíamos cumplir, aunque aún se podría mejorar más con el siguiente principio:

"Trate a los demás como les gustaría a ellos ser tratados".

---

[1] Puede encontrar más información sobre este tema, buscando canales o estilos de aprendizaje VAK

Es la base de este principio y sin duda la base de la Inteligencia Emocional, el coaching, la PNL, la psicología, el marketing y demás ramas enfocadas a las personas como individuos únicos que son.

En cuanto a la educación de nuestros hijos, añadiría un último principio sacado del libro *Educar con Inteligencia Emocional* (Maurice J. Elias y otros) que me impactó muchísimo:

"Trate a sus hijos como le gustaría que un desconocido les tratara".

Este principio tiene un mensaje verdaderamente profundo, un mensaje para sentarse y hacernos reflexionar con honestidad.

Muchas veces hablamos de profesores, familiares o conocidos y nos quejamos de que no tratan a nuestros hijos cómo nos gustaría que les trataran. Pedimos a los demás que los respeten, que se dirijan a ellos con simpatía, que no les levanten la mano, que sean pacientes con ellos… ¿Puede recordar algún momento en que un adulto no trató a su hijo con respeto? ¿Si no le ha pasado nunca, imagínelo? ¿Cómo le hace sentir?

Pero si somos realistas y, sobre todo, honestos con nosotros mismos, seguro que encontramos ocasiones en las que hemos hecho cosas que de hacerlas un extraño no lo permitiríamos y no nos quedaríamos con los brazos cruzados. De hecho, la mayoría de nosotros, ni siquiera trataríamos a otro niño, que no fuera nuestro, de esa manera… ¿Irónico verdad?

Esto es, cuanto menos, para reflexionar.

Como ya he dicho anteriormente, al final del capítulo voy a hacerle dos peticiones que espero me concedan.

PRINCIPIO Nº5: LOS CAMBIOS SUELEN SER COSTOSOS.

Se dará cuenta que realizar un cambio en su forma de educar requerirá un esfuerzo importante y que muchas veces tenderá a hacer lo que ha hecho anteriormente, aun sabiendo que quizá no es la mejor forma de actuar ante una situación determinada.

Este no es un principio de Inteligencia Emocional, pero es un principio que quiero resaltar para que lo tengan presente durante todo el proceso.

LOS CAMBIOS SON COSTOSOS

Me gustaría que, cuando comience a poner en práctica la educación emocional con sus hijos y también cuando se plantee en su vida cualquier cambio de hábito, tenga muy presente esto. Ponga la frase en un lugar visible, dígaselo a sí mismo en momentos críticos, acuérdese de momentos en los que a base de esfuerzo finalmente consiguió lo que quería.

Igual esta frase no le gusta y prefiera una del tipo: "Aunque cueste lo conseguiremos" o "el esfuerzo merecerá la pena"... Piense en la frase que refleje este principio y que más le guste y le ayude a usted, lo importante es que le ayude a tener presente que cualquier cambio de hábitos, cuesta.

Un hábito es un comportamiento que se repite de forma continuada hasta que se realiza de forma inconsciente. Desde el punto de vista de la neurociencia, a través de realizar un determinado comportamiento de manera continuada creamos redes neuronales, estas redes se empiezan formando con la conexión de dos neuronas a las que se le van uniendo más y más neuronas y cuya conexión se va haciendo cada vez más fuerte, hasta el punto que ante una situación determinada, esa red neuronal se dispara y realizamos el comportamiento de forma inconsciente.

Si recuerda cuando aprendió a conducir, costaba mucho concentrarse en tanta cosa, ¿verdad?, las marchas, el freno, el acelerador, el tráfico, las señales, los peatones… eran tantas cosas. En ese momento, estaba empezando a crear las conexiones neuronales que han acabado en la red neuronal que le permite a día de hoy conducir, poner la radio, hablar por teléfono aunque esté prohibido, girarse para decirle a sus hijos que estén quietos, etc. El comportamiento de la conducción poco a poco se convirtió en un hábito que en la actualidad realiza de forma totalmente inconsciente, hasta el punto que, muchas veces, nos ocurre que llegamos a nuestro destino, sin saber ni siquiera cómo hemos conducido hasta ahí, no somos conscientes, de haber recorrido el trayecto.

La clave de cambiar hábitos antiguos por otros nuevos está en crear nuevas redes neuronales, pero tenemos que ser conscientes que muchas veces empezamos de cero. Nuestro cerebro empezará a crear nuevas conexiones neuronales, para ir reforzándolas con el paso de los días, a través de la repetición y la constancia. Cuando tenemos dos hábitos, uno ya adquirido y otro que queremos adquirir tenemos que ser conscientes en todo momento, que el hábito adquirido tiene unas conexiones neuronales muy fuertes y que, ante una determinada situación, tenderemos a actuar de la manera que resulta más fácil para nuestro cerebro, desde el hábito ya adquirido.

Por tanto, es fácil que, durante el proceso, se vea actuando cómo lo ha hecho hasta ahora. Es normal. Será a través de actuar a nivel consciente, es decir, de prepararnos de forma premeditada para cambiar la respuesta, cuando podemos cambiar un hábito. Tenemos que actuar en nuestro modo manual (consciente), diciéndonos en todo momento que detrás del uno va el dos. Acuérdese cómo aprendió a conducir.

Si se dispara su respuesta inconsciente, su modo automático de responder, acuérdese que: "Equivocarse es bueno", aprenda de su error y rectifique.

¿PARA QUÉ RECTIFICAR?

Rectificando dará de nuevo la oportunidad a su cerebro de crear esas conexiones neuronales y hacerlas más fuertes.

Estudios neurológicos han demostrado que si nos imaginamos realizando un determinado comportamiento también generamos esas redes neuronales. Por tanto, ante momentos en el que se vea actuando con el hábito que quiere cambiar, primero rectifique, y actúe con el nuevo comportamiento, si por la razón que sea no puede hacerlo, imagínese la escena como si hubiera actuado con el nuevo hábito. Esto hará que su cerebro cree esas redes neuronales, incluso no habiendo actuado realmente así, pero le será más fácil llevarlo a cabo la próxima vez. Imaginar cómo sería si hubiera hecho algo para nuestro cerebro es igual que haberlo hecho. En cuanto a conexiones neuronales, nuestro cerebro (sobre todo la parte inconsciente) no distingue entre realidad y ficción.

Es importante la constancia a la hora de que un comportamiento se convierta en un hábito que se realiza de forma inconsciente, por lo que sea constante, persevere y si no consigue actuar con el comportamiento que quiere, aprenda del error, rectifique y actúe de la manera que quiere o si no puede, imagínese con todo tipo de detalles como si hubiera actuado así. Es importante crear esa red neuronal y hacerla fuerte, eso le permitirá, más adelante, realizar de forma inconsciente el nuevo comportamiento.

Me gustaría hacer un inciso. Creo que la mayoría de ustedes están de acuerdo conmigo en que los cambios cuestan, aunque sepamos que son beneficiosos para nosotros. Hacer ejercicio, seguir una dieta equilibrada, buscar diez minutos al día para relajarnos, intentar planificarnos el día la noche anterior para ser realistas con nuestras actividades y no sobrecargarnos la agenda, etc.

Cuesta cambiar los hábitos adquiridos por unos nuevos. Es cierto que la motivación que tengamos es un factor clave también para hacerlo menos costoso, pero aun así cuesta. Pues bien, si a nosotros, que somos conscientes de los beneficios, nos cuesta cambiar los hábitos, a nuestros hijos, también. Me gustaría que lo tuviera muy presente. Los niños no son tan distintos a los adultos y si durante un tiempo sus hijos han estado acostumbrados a unos hábitos, también les costará cambiarlos, por favor, compréndalo y tenga paciencia. Aunque tengo que añadir, que los niños son mucho más flexibles que los adultos, y si somos constantes, más pronto que tarde, convertirán estos cambios en hábitos.

RESUMEN:

Ya tiene los 5 principios para empezar a aplicar la Educación en Inteligencia Emocional en su día a día:

- PRINCIPIO Nº 1: Aprenda a escuchar a sus hijos sin juzgarlos.
- PRINCIPIO Nº 2: Equivocarse es bueno.
- PRINCIPIO Nº 3: Permita que sus hijos expresen sus emociones.
- PRINCIPIO Nº 4: Cada niño es único.
- PRINCIPIO Nº 5: Los cambios suelen ser costosos.

Para finalizar este capítulo, le voy a hacer dos peticiones que me gustaría que tratara de llevar a cabo, sobre todo, durante la fase inicial, la fase en la que los cambios suelen ser costosos. Es bueno tomarse la vida como un juego, y con nuestros hijos es fundamental aprender a hacerlo. A estas peticiones las llamo:

El juego de Como si…

Mi primera petición consiste en que durante un tiempo, actúe con sus hijos como si fueran los hijos de su jefe o de su mejor cliente. Imagínese que uno de ellos les ha dejado a sus hijos a su cargo para que los cuide durante una temporada. La intención es que trate a sus hijos ante cualquier conflicto y en el día a día como trataría a los hijos de estos, si lo tuviera que tener una temporada en su casa.

La segunda petición es que intente divertirse, en general en su vida, pero sobre todo con sus hijos. Ríase de los errores, de sus momentos de secuestro emocional, adopte una postura como si fuera un actor de una película que está grabando. Vuelva a grabar las escenas las veces que hagan falta, estudie el guion, y vuelva a intentarlo hasta que salga bien. Acuérdese, de que las escenas donde se equivocó, servirán de tomas falsas. Así que tómeselas como tal.

CAPÍTULO 2
LAS EMOCIONES

Las emociones son mecanismos que se disparan de manera automática en nuestro cuerpo y que nos ayudan a reaccionar con rapidez ante situaciones inesperadas.

Si buscamos la etimología de la palabra 'emoción', podemos observar que proviene del latín *emotion*, *emotionis*, nombre que se deriva del verbo *emovere*. Esta palabra está formada por el verbo *movere* y el prefijo –e, y significa, «movimiento hacia algo».

Las emociones son señales que nos ofrece nuestro cuerpo y que, acompañadas de cambios fisiológicos, nos predisponen a determinadas acciones. La finalidad o el propósito de las emociones es mover a la acción, es ofrecernos, a través de esos cambios fisiológicos en nuestro organismo, señales para movernos a actuar y cambiar determinadas situaciones. Si se trata de emociones "negativas" como son la ira, la tristeza, el miedo, etc., esas emociones se presentan para llevarnos a cambiar determinadas situaciones que no nos gustan.

Es importante hacer hincapié en esto, porque durante mucho tiempo en nuestra sociedad ha estado mal visto expresar nuestras emociones y ha habido una tendencia generalizada hacia la represión de las mismas, generando con ello muchos problemas para la persona y llegando incluso a generar enfermedades psicosomáticas.

Las emociones tienen una finalidad en nuestras vidas, y aunque, como personas racionales, queramos intentar taparlas u ocultarlas, nuestras necesidades como personas emocionales, son distintas; y esa emoción, que no podemos variar, aunque lo intentemos de forma consciente (la emoción es la que es), si no consigue movernos a la acción de forma positiva, buscará otra manera de cambiar lo que no le gusta (aun siendo de forma negativa) gestionando emociones de manera negativa para nosotros o los demás, y en los casos más extremos provocando enfermedades o depresiones. Por tanto, es importante, y mucho más de lo que creemos, prestarle atención a las emociones.

Las emociones son propias de los seres humanos y no podemos evitar experimentarlas. Son impulsos totalmente involuntarios que desencadenan conductas de reacción automática. No podemos evitar que nuestros hijos (o nosotros mismos) experimenten determinadas emociones, sin embargo, lo que sí podemos hacer es enseñar a nuestros hijos a gestionarlas de la forma más positiva para ellos.

Las emociones son señales de nuestro cuerpo que nos ayudan a defendernos de determinadas situaciones, nos hacen acercarnos a situaciones que nos resultan placenteras, nos alertan de peligros, nos hacen mantener la curiosidad sobre algo despertando nuestro interés, o quizá hagan todo lo contrario, y despierten nuestro rechazo y ganas de separarnos de eso.

Es fácil ver cómo nuestros hijos y, muchas veces, nosotros los adultos, reaccionamos ante una emoción de manera impulsiva y que esa reacción, la gran mayoría de las veces, no es la acertada. No es difícil encontrarnos a un niño que, ante una situación que no le agrada, se pone a chillar y patalear; o a otro que, ante otra situación que no le gusta, impulsivamente termina pegando a su hermano u otro niño. Esto se debe a que nuestro cerebro emocional tarda mucho menos tiempo en registrar y responder a una determinada situación que nuestro cerebro racional, que es algo más lento. Ante situaciones de urgencia, peligro, etc., no da tiempo a pensar cuál es la mejor opción, directamente se actúa.

Esto es lo que suelen hacer muchas veces nuestros hijos, y también los adultos en alguna ocasión. En su día a día, muchas de sus emociones más intensas (sobre todo las denominadas "negativas"), las registran como situaciones de peligro y actúan impulsivamente. Aquí hay dos razones por la que los niños actúan así, una es que de forma natural, el cerebro emocional es más rápido que el cerebro racional y en el caso de los niños aún más. Esta es la segunda razón, tenemos que enseñar a nuestros hijos a gestionar sus emociones de forma positiva, enseñarles a activar su cerebro racional, ayudarles a seguir un proceso de pensamiento positivo que les ayude a que su cerebro emocional no dispare respuestas impulsivas de forma automática. Pero esa no es una habilidad con la que se nazca, eso se aprende. Y, como padres, podemos ayudar a nuestros hijos a desarrollar esa habilidad, que les ayudará a gestionar de forma más efectiva sus emociones, tanto ahora en la infancia y adolescencia como después, en su edad adulta.

Algunas de las reacciones y comportamientos que desencadenan las emociones de nuestros hijos (o cualquier ser humano) son innatas, pero la gran mayoría de las reacciones las aprenden de su entorno, la familia, el colegio, la guardería, la televisión, la cultura en la que viven, etc. No se comporta igual, ante una determinada emoción, un niño oriental, africano u occidental; y dentro de esa misma cultura un niño de una familia o de otra.

A esto, añadiría que, aunque no seamos muy conscientes de ello, las emociones también son contagiosas. Las emociones se pegan. Por eso, el ambiente que vivimos dentro de nuestras familias es un factor muy importante para promover más emociones positivas que negativas. Dentro de las emociones que más se contagian están la agresividad, el pesimismo y el miedo, pero por otra parte, también está el positivismo y la alegría. Por tanto, hay una parte dentro de las reacciones y comportamientos que tienen nuestros hijos, ante determinadas emociones, donde podemos incidir y actuar, solo cambiando nuestras propias emociones. Cambiando el ambiente emocional de nuestra casa, podemos cambiar por contagio las emociones de nuestros hijos.

Otro factor muy importante para que nuestros hijos puedan responder de una manera más positiva, ante sus emociones, es educándoles para reconocer sus señales, saber identificarlas, expresarlas, procesarlas y gestionarlas de manera positiva. Esto no se hará por contagio, sino más bien, por aprendizaje.

En la mayoría de familias, hasta hace bien poco, estaba mal visto que sus miembros expresaran sus emociones. En la actualidad, no creo que el problema sea que está mal visto, sino que, nosotros mismos, muchas veces, no sabemos enfrentarnos a las emociones, tanto propias como ajenas. Es habitual que en una situación sin estrés, les digamos a nuestros hijos si están llorando, que no pasa nada, que se tranquilicen, e intentamos buscar la manera de parar ese llanto. Esta es otra manera de no permitir que las emociones se expresen. De nuevo, nos enfocamos en la consecuencia y no en la situación que ha generado ese llanto. En este ejemplo, he puntualizado en una situación sin estrés, porque también ocurre, con frecuencia, que en una situación de estrés, nos vemos diciéndoles a nuestros hijos que dejen de llorar con tono intimidatorio, y nos encontramos haciendo eso, la mayoría de veces por la misma razón: no sabemos cómo gestionar las emociones.

Las personas que no suelen expresar sus emociones, suelen tratarse de personas que han crecido en familias que tampoco expresaban apenas sus emociones. En ese ambiente, los niños, ya sea porque se les dice expresamente o por imitación, aprenden que las emociones hay que guardárselas para sí mismo y no hacer caso de ellas.

Como consecuencia de ocultar sus emociones, probablemente esa persona tenga problemas para identificar lo que realmente siente en determinados momentos. Es capaz de saber con certeza que no se siente bien, pero no es capaz de identificar por qué o qué le pasa exactamente. Esto hace que tenga una probabilidad elevada de desarrollar síntomas físicos, de que esa emoción no reconocida ni expresada, puede dar lugar a síntomas, dolores o enfermedades físicas, es decir, que somatice las emociones.

Somatizar no es más que transformar problemas emocionales en síntomas físicos de forma inconsciente. Nuestro cuerpo nos avisa a través de las emociones de que algo va mal (en el caso de las emociones negativas) o que algo va bien (de las positivas). El cuerpo se prepara y genera distintos cambios fisiológicos para cambiar esa situación, y esos cambios se generan de forma inconsciente, por tanto, no es algo que podamos controlar conscientemente. Normalmente se somatizan las emociones denominadas negativas.

En definitiva, ante una situación donde algo no va bien, nuestro cuerpo nos envía señales y nos prepara de algún modo para el cambio, si ignoramos esas señales, es decir, esa emoción, nuestro cuerpo seguirá enviándonos más y más señales, para que cambiemos esa situación; y seguirá y seguirá, pudiendo convertir esas pequeñas señales en grandes problemas físicos, enfermedades, dolores musculares, etc. Si seguimos sin prestarle atención a nuestra emoción y la situación sigue siendo la misma, nuestro cuerpo puede cambiar e intensificar las señales para seguir avisándonos de que hay que cambiar algo que no va bien. Y los pequeños avisos que nos ofrece nuestro cuerpo se pueden convertir en un verdadero problema al final.

Por tanto, el aprendizaje de la gestión emocional no es un tema meramente psicológico, también tiene un componente físico muy importante, y es vital que eduquemos a nuestros hijos para que sepan detectar lo que sienten, que aprendan a expresar y poner nombre a sus emociones y que aprendan a gestionar y manejar sus emociones correctamente.

DIFERENCIAS ENTRE EMOCIÓN, SENTIMIENTO Y ESTADO DE ÁNIMO.

En palabras de Daniel Goleman, "*las emociones son impulsos para actuar, planes instantáneos para enfrentarnos a la vida*".

La emoción surge como respuesta a un estímulo, son señales que nos preparan para la acción. Su duración en el tiempo es corta, son más intensas que los sentimientos, pero duran menos tiempo. En las emociones influye más la impulsividad que los pensamientos. Son reacciones psicofisiológicas ante un estímulo.

Los sentimientos son evaluaciones conscientes (pensamientos) de nuestras emociones. Son el resultado de las emociones, pero de forma más subjetiva, en los sentimientos, intervienen nuestras interpretaciones. Su duración es más larga que la de la emoción. Se presenta en la persona como resultado de las emociones que ha experimentado o experimenta. Los sentimientos nos llevan a actuar de una forma más estable ante las situaciones. Es un proceso más mental. La experiencia fruto de la emoción, donde influyen más los pensamientos, las evaluaciones conscientes y cómo guardamos en nuestra mente esa experiencia (emoción).

El estado de ánimo, se diferencia de las emociones y los sentimientos en que es menos específico, más duradero y menos dado a ser activado por un determinado estímulo. Se podría llegar a ver como fruto de los sentimientos y tienen mayor duración en el tiempo. Son los sentimientos mantenidos en el tiempo, aunque el estímulo que lo activó haya desaparecido.

Por tanto, primero aparecen las emociones, seguidas de las emociones vienen los sentimientos y más tarde, es posible que aparezca el estado de ánimo. Una vez hecho este pequeño matiz, podemos darnos cuenta que al actuar sobre las emociones, actuamos indirectamente sobre los sentimientos y los estados de ánimo de nuestros hijos.

Vamos a tratar los tres conceptos englobados dentro de un mismo grupo. Indistintamente cuando hablemos de gestionar emociones, se hace la misma referencia a los sentimientos y estados de ánimo, pero sí que es muy útil conocer qué son las emociones y cómo funcionan, ya que las emociones son la parte menos racional del ser humano y la que, al final, va a generar los sentimientos y estados de ánimo de nuestros hijos (y los nuestros como seres humanos que somos).

El proceso emocional sigue la siguiente fase:

En primer lugar, se recibe un estímulo que puede ser tanto externo (del entorno) como interno (un recuerdo o pensamiento), este estímulo será el desencadenante que activará el proceso emocional. Tras el estímulo, nuestro cerebro se pone a funcionar realizando la activación emocional, generando la emoción, y, en ese momento, nuestro sistema nervioso comienza a preparar a nuestro cuerpo, realizando cambios fisiológicos. Nuestra expresión corporal también se adapta a esos cambios, este es el momento en el que otras personas pueden percibir a través de la comunicación no verbal los cambios fisiológicos experimentados en nuestro interior. Tras esos cambios normalmente actuamos de una forma o de otra (quedarse paralizado también es una forma de actuar).

En general, ante la activación de una misma emoción, aun siendo situaciones y estímulos diferentes para nosotros, solemos responder de la misma manera, tomando las decisiones en base a nuestros juicios de valor y a situaciones anteriores guardadas en nuestra memoria.

Para intervenir en nuestras respuestas, tanto nosotros como nuestros hijos tendremos que detectar el estímulo y los cambios fisiológicos. No podemos influir en ellos si primero no nos damos cuenta y somos conscientes de que existen y qué estímulo los ha provocado. Detectaremos la emoción que genera ese estímulo (pondremos nombre a la emoción) y trataremos, a través de preguntas, ser lo más objetivo posible para analizar la realidad de la situación y que nuestro juicio de valor sea lo menos subjetivo posible y lo más cercano a la realidad, posibilitando una respuesta positiva ante cualquier emoción.

Aplicando los pasos del método conseguiremos fijar unas pautas para responder de forma positiva ante cualquier tipo de situación que nos genere una determinada emoción. Como es lógico, al principio, seguiremos el método de manera consciente pero poco a poco se convertirá en un hábito que realizará de forma rápida y totalmente inconsciente, tanto sus hijos como usted.

Como hemos visto, toda emoción genera una respuesta fisiológica. (Los sentimientos y estados de ánimo también pero de forma menos intensa, aunque más duraderas). Llevan asociadas ciertos cambios físicos que preparan al organismo para afrontar la situación. A veces, esos cambios se notan más, y otras veces, menos; es importante educar a nuestros hijos, para que aprendan a detectar esos cambios físicos en su cuerpo (cambios en la respiración, tensión muscular, sudor en las manos, calor en el estómago, cambio en el tono de voz, etc.).

Toda emoción también provoca cambios físicos más visibles, sobre todo en la cara. Cada emoción tiene una expresión facial concreta. Cuando hablamos de las emociones básicas, esos cambios faciales son universales para cada emoción, independiente de la edad, el sexo, la cultura, religión, etc. Todo el mundo expresa de forma inconsciente, los mismos gestos faciales, más o menos intensificados, ante las mismas emociones básicas. En función de los diferentes movimientos de las cejas, los ojos, la boca, los músculos de la cara, las personas expresamos una emoción u otra. Es bueno que nuestros hijos sepan identificar esos gestos para detectar no solo sus emociones, sino también la de los demás[2].

---

[2] Para ello es fácil encontrar muchos artículos en Internet / Buscar, por ejemplo: Caras emociones básicas para niños

Detectando esas señales físicas y de expresión facial ayudaremos a nuestros hijos a identificar las emociones (las propias y las ajenas). El siguiente paso será expresar las emociones, ponerle un nombre a esas señales y cambios, reconocer cómo nos hace sentir. Para después, pasar a la fase de procesamiento y gestión de emociones. En definitiva, buscar cuál es la razón de que esa emoción haya aparecido, ¿qué quiere decirnos?.

En este capítulo, nos centraremos en ayudar a nuestros hijos a identificar las emociones (propias y ajenas) y a expresarlas. La gran mayoría de veces, por el simple hecho de ser capaces de identificar y expresar nuestras emociones (ponerle nombre a lo que nos está ocurriendo), la intensidad de esa emoción disminuye, por lo que en situaciones conflictivas, resulta un factor muy positivo.

En primer lugar, para poder identificar las emociones será necesario que tanto los adultos como los niños aumenten su vocabulario emocional. La gran mayoría de nosotros no sabemos expresar nuestras emociones, principalmente porque no encontramos la palabra que define exactamente cómo nos sentimos, y terminamos diciendo que nos sentimos bien o mal.

Si no tenemos palabras para dar nombre a nuestras emociones, difícilmente podremos llegar a gestionarlas. Por tanto, empezaremos por ampliar nuestro vocabulario.

En este capítulo incluyo una lista con más de setenta y cinco emociones y sentimientos habituales, y una pequeña definición de cada una de ellas para que tanto sus hijos como usted, poco a poco, conozcan y reconozcan cada emoción, y puedan identificar la emoción que se acerque más a lo que sienten.

Cuando se habla de emociones puede escuchar hablar de emociones negativas y de emociones positivas, no es que unas emociones sean malas y otras buenas, todas las emociones son buenas, tienen una función. Aunque sí que es cierto que la sensación que nos producen las emociones positivas es mucho más placentera que las sensaciones que nos producen las emociones negativas, que normalmente son desagradables. La razón es que las emociones negativas nos preparan para cambiar algo que no nos gusta, algo desagradable, son nuestra defensa ante amenazas externas, y nos ayudan a enfrentarlas. Las emociones positivas aparecen para acercarnos a aquello que nos gusta, amplían nuestros recursos intelectuales, físicos y sociales, y permiten construir reservas que nos ayudan a enfrentarnos a las amenazas.

Dentro de las emociones, también se suele hablar de emociones básicas, que son las emociones primarias, a partir de estas emociones nacen el resto de emociones, las emociones secundarias, incluso las emociones terciarias y cuaternarias.

Las emociones primarias son seis: Ira, Tristeza, Miedo, Asco, Sorpresa y Alegría. Estudios recientes reducen las emociones básicas a cuatro, pero esto es algo quizá importante a nivel teórico; a nivel práctico, el que nos ocupa en este libro, nos resultará más útil seguir considerándolas como seis.

Cada una de las emociones básicas o primarias se corresponden con una función adaptativa: la Ira surge cuando alguien o algo nos ataca, sirve de autodefensa; la Tristeza es una respuesta adaptativa ante una pérdida; el Miedo es una señal de defensa ante un peligro, nos protege; el Asco es una señal que indica rechazo; la Sorpresa nos invita a explorar, experimentar; la Alegría está relacionada con la afiliación, la adhesión.

A partir de las emociones primarias, nacen el resto de emociones. El resto son emociones más sociales que se forman a partir de la combinación de dos o más emociones primarias, o de una emoción primaria y una secundaria. En ocasiones las emociones secundarias y terciarias ocultan lo que, de verdad, se está sintiendo en lo más profundo de la persona, ocultan una emoción primaria.

En la siguiente lista de emociones, empezaré por definir las emociones básicas e incluiré en su definición algunas emociones secundarias que surgen, y que, a veces, se dicen tener, para tapar la verdadera emoción primaria, quizá porque socialmente no está bien visto, o por alguna otra razón; aunque no siempre esas emociones intentan tapar la emoción primaria.

LISTADO DE LAS SEIS EMOCIONES PRIMARIAS:

LA IRA: Sentimos esta emoción cuando las cosas no salen como queremos o cuando alguien no nos trata bien o hemos sido ofendidos de alguna manera. Esta emoción nos ayuda a darnos cuenta que lo que está pasando no nos gusta. Aparece para avisarnos que cambiemos la situación y así podamos resolver el problema. Es el sentimiento de cólera, enojo, mal genio, atropello, fastidio, molestia, furia, resentimiento, hostilidad, impaciencia, indignación, irritabilidad, violencia u odio. Decimos que estamos enfadados, furiosos, irritados, de mal humor, etc.

LA TRISTEZA: Sentimos tristeza cuando perdemos algo o a alguien importante, cuando nos decepcionan o fracasamos o cuando nuestra necesidad de amor y cariño no está atendida. Esta emoción nos ayuda a asimilar esa pérdida o falta. El cuerpo disminuye su ritmo para retirarse a asimilar e incluso llorar. Es el sentimiento de aflicción, autocompasión, melancolía, desaliento, desesperanza, pena, duelo, soledad, depresión, nostalgia. Decimos que estamos tristes, apenados, melancólicos, decaídos, afectados.

EL MIEDO: Sentimos miedo cuando estamos ante un peligro (real o imaginario) y nos sentimos inseguros. Es como una alarma para avisarnos de un riesgo. Es importante tener miedo, porque sirve para apartarnos de los peligros, y actuar con precaución. Sin miedo podríamos correr peligros sin darnos cuenta. Pero hay veces que el miedo aparece por algo imaginario, no hay un peligro real. Tenemos que aprender a distinguir cuando tenemos miedo por algo real o por algo imaginario. Es el sentimiento de angustia, inseguridad, desconfianza, susto, preocupación, pánico. Todo el mundo siente miedo, niños y mayores. Y decimos que estamos asustados, inquietos, inseguros, temerosos, preocupados, alarmados.

EL ASCO: Se presenta ante un estímulo u objeto que rechazamos o para proteger al organismo de contaminaciones y enfermedades. Nos protege de la ingestión oral de sustancias u objetos, de ciertos animales transmisores de suciedad, de productos en mal estado, de cosas o personas desagradables. Implica una respuesta de rechazo. Es el sentimiento de aversión, disgusto, desprecio o menosprecio, repugnancia. Decimos que algo nos disgusta, nos desagrada, nos repugna, nos asquea.

LA SORPRESA: Se presenta como una reacción ante algo imprevisto o extraño, que no esperamos o que nos es incomprensible. Se produce ante situaciones novedosas. Nos prepara para afrontar de forma efectiva los acontecimientos repentinos o inesperados, enfocando nuestra atención, interés y curiosidad en ese suceso. Es el sentimiento de alerta, asombro, confusión, sobresalto, extrañeza, impacto. Decimos que estamos alucinados, sorprendidos, atónitos, boquiabiertos, confundidos, extrañados, impactados, paralizados, pasmados, sobrecogidos.

LA ALEGRÍA: Se presenta cuando conseguimos algo que deseamos mucho, cuando hacemos cosas que nos gustan o cuando las cosas nos salen bien. Nos da sensación de bienestar y seguridad. La alegría nos motiva para hacer cosas, para actuar. Es importante darte cuenta de tus momentos de alegría, disfrutarlos y compartirlos con los demás. Es el sentimiento de felicidad, de gozo, placer, buen humor, relajación, excitación, diversión. Se manifiesta a través del optimismo, y del aumento de la energía. Decimos que estamos alegres, contentos, felices, de buen humor, eufóricos, satisfechos, conmovidos, confiados, pletóricos, entusiasmados.

Estas son las emociones básicas que nos impulsan a actuar, de estas emociones surgen las demás. Aun siendo las emociones más puras en su estado, es interesante que conozcamos y ampliemos nuestros vocabulario emocional y el de nuestros hijos, para identificar el resto de emociones que puedan sentir.

En las siguientes páginas le presentaré la lista de emociones, creo que les resultará mucho más útil que presente la lista de emociones clasificada por la emoción básica predominante en las diferentes emociones, más que por orden alfabético.

Podrá observar que alguna de esas emociones aparecerá clasificada en dos, incluso tres emociones básicas, esto se debe a que la emoción está compuesta por más de una emoción básica y para que le resulte más útil a la hora de localizar la emoción, con su hijo, la incluiré en todas las emociones básicas de las que esté compuesta. Por ejemplo, los celos son una emoción compuesta de tres emociones básicas como son la Ira, la Tristeza y el Miedo; el desprecio está compuesto por las emociones básicas de Asco e Ira, y así alguna de las emociones que presento.

EMOCIONES CLASIFICADAS POR SU EMOCIÓN BÁSICA PREDOMINANTE:

EMOCIONES DERIVADAS DE ALEGRÍA:

Amor: es el afecto que sentimos por otra persona, animal, idea o cosa. Me siento afectivo, cariñoso, enamorado.

Aceptación: surge cuando sentimos que nos quieren tal como somos. Me siento aceptado.

Admiración: sentimiento ante algo o alguien que consideramos extraordinario. Siento admiración.

Alegría: se presenta cuando conseguimos algo que deseamos mucho, cuando hacemos cosas que nos gustan o cuando las cosas nos salen bien. Me siento alegre, contento.

Alivio: surge tras eliminarse o cambiar una situación molesta o dolorosa. Me siento aliviado.

Buen humor: hablamos de él cuando tendemos a estar alegres y risueños. Me siento de buen humor.

Confianza en mí mismo: es una emoción que nos da fuerza, que nos motiva a conseguir nuevos y más complicados retos, es clave para la propia superación, nos motiva para alcanzar lo que nos parece inalcanzable. Siento que confío en mí, me siento confiado.

Confianza en los demás o en un proyecto: permite que las relaciones con los demás sean afectivas, predispone a acciones como construir juntos, trabajar en equipo, etc. La confianza puede lograrse y/o puede perderse. Siento confianza.

Deseo: surge para movernos hacia algo que queremos. Estoy deseoso de, siento deseo por.

Diversión: surge cuando actuamos ante algo con entusiasmo y alegría. Se asocia generalmente a la realización de actividades. Decimos es divertido (cuando en realidad lo sientes divertido).

Entusiasmo: surge cuando ocurre algo que nos gusta mucho, que nos atrae o que admiramos. Es la exaltación del ánimo de que eso ocurra. Me siento entusiasmado.

Esperanza: surge cuando sentimos que algo positivo está por venir, sería conveniente actuar para contribuir a que eso positivo ocurra. Me siento esperanzado.

Euforia: surge después de haber estado experimentando un miedo anterior, es un estado de ánimo extremo, un exceso de alegría o entusiasmo (ejemplo, tememos que nuestro equipo pierda, pero pitan el final del partido y ganamos). Me siento eufórico.

Excitación: surge ante una situación tanto positiva como negativa generando un estado de nerviosismo o inquietud intensos. Estoy excitado.

Felicidad: surge ante una sensación de plenitud, de alegría o de realización. Me siento feliz.

Gratitud: surge ante el reconocimiento de un beneficio que hemos recibido ya sea, nosotros mismos o alguien que nos importe, y haya sido en el pasado, presente o futuro, Me siento agradecido.

Ilusión: surge cuando tenemos la esperanza o el deseo de que un sueño, situación o momento se haga realidad. Me siento ilusionado.

Interés: surge cuando nuestra atención se centra en un objeto, un acontecimiento o una persona. Me siento interesado.

Optimismo: surge cuando sentimos que algo va a salir como esperamos o de la mejor forma posible. Me siento optimista (puede ser también una actitud).

Orgullo: surge ante la valoración elevada de algo, alguien, incluso de uno mismo. Me siento o estoy orgulloso.

Relajación: surge cuando no sentimos ningún tipo de tensión en nosotros, cuando tenemos un estado de tranquiidad. Me siento relajado.

Satisfacción: surge cuando pensamos en un hecho o situación ya realizada o pasada y nos gusta el resultado, lo que sucedió. Me siento o estoy satisfecho.

Serenidad: surge cuando nos sentimos en paz con nosotros mismos, es sinónimo de tranquilidad. Me siento sereno.

Ternura: surge ante las personas, cosas o situaciones que, por su dulzura, debilidad o delicadeza se consideran merecedoras de un amor o un cariño puro. Me siento tierno o me despierta ternura.

Tranquilidad: surge ante un estado de calma, paz y despreocupación. Me siento o estoy tranquilo.

EMOCIONES DERIVADAS DE ASCO:

Asco: surge cuando algo o alguien nos causa desagrado y repugnancia. Siento asco.

Aversión: es el rechazo frente a alguien o algo. Me genera aversión.

Desprecio: surge de la falta de respeto o de reconocimiento que sentimos hacia algo o alguien. Implica a su vez un sentimiento de superioridad. Siento desprecio.

Indiferencia: surge por la falta de atracción o interés ante determinadas cosas o personas. Me es indiferente.

Repugnancia: surge cuando percibimos algo que nos da tanto asco que llega a generarnos nauseas o ganas de vomitar. Me genera repugnancia.

Resentimiento: surge de la rabia que sentimos como resultado de que alguien nos ha hecho algo malo, ya sea real o imaginario. Se mantiene en el tiempo, es más un estado de ánimo que una emoción. Estoy resentido.

EMOCIONES DERIVADAS DE IRA:

Celos: surge cuando una persona cree que su relación con alguien está en peligro por una tercera persona o cosa. Me siento celoso.

Culpa: surge para avisarnos que hemos infringido o transgredido algo y que tenemos que buscar la forma de reparar ese mal. Es el enojo o enfado con uno mismo. Me siento culpable.

Desprecio: surge de la falta de respeto o de reconocimiento que sentimos hacia algo o alguien. Implica a su vez un sentimiento de superioridad. Siento desprecio.

Enfado: surge de la necesidad de mostrar la molestia o incomodidad que nos provoca una situación o persona. Me siento enfadado.

Envidia: surge cuando creemos que otro está por encima de nosotros o tiene algo que querríamos tener. Siento envidia.

Excitación: surge ante una situación tanto positiva como negativa generando un estado de nerviosismo o inquietud intensos. Estoy excitado.

Frustración: surge cuando nuestras expectativas no se ven satisfechas o ante situaciones que se resuelven de manera opuesta a nuestros deseos. Me siento frustrado.

Impaciencia: surge cuando deseamos de una manera intensa que llegue un momento futuro. Me siento impaciente.

Indiferencia: surge por la falta de atracción o interés ante determinadas cosas o personas. Me es indiferente.

Indignación: surge cuando consideramos un acto injusto u ofensivo. Me siento indignado.

Ira: surge cuando las cosas no salen como queremos o cuando alguien no nos trata bien. Coloquialmente se utiliza cuando el enojo o enfado es muy intenso, o, incluso cuando se pierde el control. Siento ira.

Irritación: surge cuando algo nos desagrada y no podemos dejar de pensar en ello, se mantiene en el tiempo. Me siento irritado.

Mal humor: surge cuando tendemos a tener una actitud negativa o cuando nos irritamos con mucha facilidad. Estoy, o me siento, de mal humor.

Odio: surge de una profunda antipatía, disgusto, enemistad o repulsión hacia una persona, cosa, o situación, y normalmente se acompaña del deseo de evitarlo, limitarlo o destruirlo. Siento odio.

Rabia: surge cuando algo malo nos ha sucedido o no debería habernos sucedido, se da ante estímulos que interpretamos injustos. Me da rabia.

Resentimiento: surge de la rabia que sentimos como resultado de que alguien nos ha hecho algo malo, ya sea real o imaginario. Se mantiene en el tiempo, es más un estado de ánimo que una emoción. Estoy resentido.

Violencia: surge cuando queremos obtener o imponer algo y para ello utilizamos la fuerza. Me puse violento.

EMOCIONES DERIVADAS DE MIEDO:

Alerta: se presenta ante una situación que creemos que se puede producir y requiere nuestra atención y vigilancia. Más que una emoción es un estado. Estoy alerta.

Angustia: es una sensación de falta de paz interior, surge como una reacción a una tragedia. Los dos activadores principales de la angustia son la separación o falta de un ser querido y el fracaso. Me siento angustiado.

Ansiedad: surge de forma automática en situaciones de amenaza o peligro real, para prepararnos a luchar o huir. El problema es que en la sociedad actual, vivimos muchas situaciones como amenazas o peligros reales, y no lo son. Me siento ansioso.

Celos: surge cuando una persona cree que su relación con alguien está en peligro por una tercera persona o cosa. Me siento celoso.

Desamparo: surge cuando nos sentimos desprotegidos y no podemos contar con nadie. Me siento desamparado.

Desconfianza: surge cuando sentimos inseguridad hacia algo o alguien. Es una forma menor de miedo. Me siento desconfiado, no confío.

Envidia: surge cuando creemos que otro está por encima de nosotros o tiene algo que querríamos tener. Siento envidia.

Estrés: surge cuando exigimos a nuestro cuerpo un rendimiento superior al natural. En nuestra sociedad suele ser más un estado de ánimo que una emoción. Me siento o estoy estresado.

Frustración: surge cuando nuestras expectativas no se ven satisfechas o ante situaciones que se resuelven de manera opuesta a nuestros deseos. Me siento frustrado.

Humillación: surge de la ofensa que alguien o algo causa en nuestro honor o en nuestro propio ego. Me siento humillado.

Impaciencia: surge cuando deseamos de una manera intensa que llegue un momento futuro. Me siento impaciente.

Incomprensión: surge ante un desajuste entre como vemos el mundo y como lo ven los demás, surge cuando no nos entienden. Me siento incomprendido.

Inseguridad: surge por la falta de confianza en sí mismo o en los demás. Me siento inseguro.

Miedo: surge cuando estamos ante un peligro (real o imaginario) y nos sentimos inseguros. Tengo o siento miedo.

Pánico: surge del miedo extremo o intenso producido por la amenaza de un peligro inminente (real o imaginario), y que con frecuencia es colectivo y/o contagioso. Siento pánico.

Preocupación: surge cuando pensamos en algo que nos inquieta antes de tiempo, antes, ni siquiera, de que ocurra. Suele ser más un estado de ánimo que un sentimiento o emoción. Me siento preocupado o estoy preocupado.

Tensión: surge cuando una persona está exaltada o nerviosa por estar sometida a preocupaciones. O cuando hay intereses enfrentados. Me siento tenso.

Vergüenza: surge cuando nos juzgamos a nosotros mismos como no buenos, cuando tenemos, o pensamos que tendremos, la desaprobación de los demás. Siento vergüenza o me siento avergonzado.

EMOCIONES DERIVADAS DE SORPRESA:

Admiración: sentimiento ante algo o alguien que consideramos extraordinario. Siento admiración.

Alerta: se presenta ante una situación que creemos que se puede producir y requiere nuestra atención y vigilancia. Más que una emoción es un estado. Estoy alerta.

Asombro: surge cuando algo que pensábamos que no podía ocurrir, ocurre. Estoy asombrado.

Confusión: surge cuando no tenemos claro algo o no tenemos toda la información para decidir sobre algo. Me siento confuso.

Decepción: surge cuando no se cumplen las expectativas sobre un deseo o una persona. Está asociado a un sentimiento de pena y tristeza. Me siento decepcionado.

Interés: surge cuando nuestra atención se centra en un objeto, un acontecimiento o una persona. Me siento interesado.

Orgullo: surge ante la valoración elevada de algo, alguien, incluso de uno mismo. Me siento o estoy orgulloso.

EMOCIONES DERIVADAS DE TRISTEZA:

Aburrimiento: en este estado sentimos que no nos interesa nada en particular. Estoy aburrido.

Arrepentimiento: surge cuando nos sentimos mal ante un acto que hemos hecho, pudiendo haber realizado un acto tanto malo como bueno. Estoy arrepentido.

Autocompasión: surge cuando sentimos que estamos en peores condiciones que los demás. Es el sentimiento de pena o compasión hacia uno mismo. Me autocompadezco, me compadezco de mí.

Celos: surge cuando una persona cree que su relación con alguien está en peligro por una tercera persona o cosa. Me siento celoso, siento celos.

Compasión: surge cuando percibimos que el otro (persona o animal) está por debajo o en peores condiciones que nosotros y queremos ayudarle. Me siento compasivo.

Culpa: surge para avisarnos que hemos infringido o transgredido algo y que tenemos que buscar la forma de reparar ese mal. Es el enojo o enfado con uno mismo. Me siento culpable.

Decepción: surge cuando no se cumplen las expectativas sobre un deseo o una persona. Está asociado a un sentimiento de pena y tristeza. Me siento decepcionado.

Depresión: es un estado mental o de ánimo, se caracteriza por una sensación de inadecuación y falta de actividad. Puede estar asociado a un sentimiento de tristeza o culpa. Me siento deprimido.

Desamparo: surge cuando nos sentimos desprotegidos y no podemos contar con nadie. Me siento desamparado.

Desesperación: es una forma de tristeza profunda que causa cansancio, agotamiento, estrés y ansiedad, todo se ve de color negro. En este punto de tristeza es aconsejable buscar el apoyo de tus seres queridos. Me siento desesperado.

Envidia: surge cuando creemos que otro está por encima de nosotros o tiene algo que querríamos tener. Siento envidia.

Humillación: surge de la ofensa que alguien o algo causa en nuestro honor o en nuestro propio ego. Me siento humillado.

Incomprensión: surge ante un desajuste entre cómo vemos el mundo y cómo lo ven los demás, surge cuando no nos entienden. Me siento incomprendido.

Insatisfacción: surge cuando las cosas que tenemos o que hemos conseguido no cubren nuestras expectativas. Me siento insatisfecho.

Nostalgia: surge cuando nos acordamos de algo o alguien y lo echamos de menos. Me siento o estoy nostálgico.

Pena: surge cuando se presenta una situación que nos entristece. Siento pena, me siento apenado.

Remordimiento: surge cuando somos conscientes de que hemos realizado una acción inadecuada. Tengo remordimiento.

Resignación: surge cuando pensamos que nada de lo que se haga puede cambiar una determinada situación. Me siento o estoy resignado.

Soledad: surge ante la falta de compañía. Me siento solo.

Sufrimiento: surge cuando hemos vivido o estamos viviendo una situación que no consideramos justa y no llegamos a aceptar la realidad de los hechos. Es un estado de ánimo más que una emoción. Estoy sufriendo.

Timidez: surge ante la inseguridad o vergüenza que una persona siente ante situaciones sociales nuevas. Suele utilizarse como un rasgo de la persona, pero la persona no nace tímida, se crea por determinadas experiencias. Suele decirse, soy tímido. Pero mejor utilicen el término me siento tímido.

Tristeza: surge cuando perdemos algo o a alguien importante, cuando nos decepcionan o cuando nuestra necesidad de amor y cariño no está atendida. Me siento triste.

Vergüenza: surge cuando nos juzgamos a nosotros mismos como no buenos, cuando tenemos, o pensamos que tendremos, la desaprobación de los demás. Siento vergüenza o me siento avergonzado.

CLASIFICACIÓN DE EMOCIONES

ALEGRIA	ASCO	IRA	MIEDO	SORPRESA	TRISTEZA
Amor	Asco	Celos	Alerta	Admiración	Aburrimiento
Aceptación	Aversión	Culpa	Angustia	Alerta	Arrepentimiento
Admiración	Desprecio	Desprecio	Ansiedad	Asombro	Autocompasión
Alegría	Indiferencia	Enfado	Celos	Confusión	Celos
Alivio	Repugnancia	Envidia	Desamparo	Decepción	Compasión
Buen humor	Resentimiento	Excitación	Desconfianza	Interés	Culpa
Confianza en si mismo		Frustración	Envidia	Orgullo	Decepción
Confianza en los demás		Impaciencia	Estrés		Depresión
Deseo		Indiferencia	Frustración		Desamparo
Diversión		Indignación	Humillación		Desesperación
Entusiasmo		Ira	Impaciencia		Envidia
Esperanza		Irritación	Incomprensión		Humillación
Euforia		Mal humor	Inseguridad		Incomprensión
Excitación		Odio	Miedo		Insatisfacción
Felicidad		Rabia	Pánico		Nostalgia
Gratitud		Resentimiento	Preocupación		Pena
Ilusión		Violencia	Tensión		Remordimiento
Interés			Vergüenza		Resignación
Optimismo					Soledad
Orgullo					Sufrimiento
Relajación					Timidez
Satisfacción					Tristeza
Serenidad					Vergüenza
Ternura					
Tranquilidad					

La lista es un comienzo y un recurso muy útil, pero ¿qué hacer con ella?

Usted lo sabrá mejor que yo, porque tendrá que ajustar el aprendizaje a su hijo, dependerá de su edad, sus gustos, etc.; y también tendrá que ajustarla a su tiempo disponible y a usted mismo.

Aun así, le daré varias ideas que quizá le puedan servir, si no es así, puede pensar en otras que se ajusten más a su hijo y a usted mismo.

¿Qué hacer con la lista de emociones?:

- Léale cada día, tres o cuatro emociones a su hijo. También puede hacer, si son mayores, que las lean ellos, pero mejor hágalo usted. Aproveche ese tiempo para dedicárselo a sus hijos. Cuando le lea una emoción, pregúntele, si alguna vez se ha sentido así; o cuéntele algún momento en que usted mismo se haya sentido así; o incluso las dos cosas juntas.
- Mientras ve la tele, con la lista delante, intente identificar las emociones que aparecen en los personajes.
- En su día a día, ante una situación determinada, intente identificar la emoción que ha aparecido, tanto en su hijo, como en usted. Es importante que su hijo identifique sus propias emociones, pero también es muy importante que pueda identificar las suyas y que sea consciente de que sus comportamientos (los de sus hijos) también generan emociones en los demás.
- Si no se ha producido ninguna situación o no ha podido recurrir a la lista. Al final del día, siéntese con sus hijos y con la lista en mano, intente identificar las emociones que han podido experimentar durante el día. ¿Qué has hecho hoy?, ¿cómo te has sentido? Háblele también de su día y cómo se ha sentido usted.
- Prepare juegos, por ejemplo, prepare una caja donde meta el nombre de las emociones que quiera trabajar, puede meter

cinco, diez, hacerlo por emociones básicas o todas las emociones a la vez, es criterio suyo. Puede jugar a dibujar sobre la emoción que saque, actuar como si estuviera teniendo esa emoción, hablar de la emoción, cada uno que hable de su experiencia; o quizá puedan jugar a adivinar de qué emoción se trata. Échele imaginación, usted conoce a sus hijos mejor que yo.

- Invente historias para que ellos mismos puedan identificar cada emoción. ¿Cómo te sentirías si...? (un amigo se burla de ti, una persona mayor te llama la atención, el profesor te pregunta la lección y no la sabes,...).

Lo normal será que sus hijos empiecen respondiendo, me siento bien o mal, y no sepan decir nada más. Esto será lo habitual, no solemos utilizar el vocabulario emocional, por lo que seguramente la gran mayoría de ellos y quizá algunos de nosotros, ni siquiera conozcan determinados sentimientos o emociones. Se trata de incluir en nuestro vocabulario este tipo de palabras y hacer uso de ellas de forma habitual.

Para ello le he dado una serie de ideas, utilice las que mejor se adapten a su hijo, a usted y a su tiempo. Pero es importante que tenga la lista de emociones a mano. Y ante una situación donde se presente una emoción, o donde detecte un sentimiento en su hijo, coja la lista y juntos intenten identificar cuál es esa emoción o sentimiento. Pronto se olvidarán de la lista y las podrán reconocer de forma natural.

También puede ser aconsejable que usted haga lo mismo con la lista, y al final del día, en una libreta, identifique, con la lista en la mano, las emociones que ha sentido durante el día. Recuerde, que una de las fuentes más importantes de aprendizaje para sus hijos, es la imitación. Si usted también utiliza el vocabulario emocional, a ellos les resultará mucho más fácil aprender a hacerlo.

Ponga en práctica el aprendizaje del vocabulario emocional de forma tranquila y agradable. No pretenda que su hijo aprenda a identificar las emociones en una semana, se requiere más tiempo para poder identificarlas, de forma natural. Insisto, asócielo al proceso de aprender a leer o al de aprendizaje de un idioma.

Disfrute del proceso de aprendizaje, será algo maravilloso tanto para su hijo como para usted y no tenga prisa, se trata de ser constante, de hacerlo de forma habitual y poco a poco, verá cómo se instala el vocabulario emocional en las conversaciones con sus hijos, de forma normalizada.

Anteriormente había comentado que detectando las señales físicas y de expresión facial ayudaremos a nuestros hijos a identificar las emociones (las propias y las ajenas) y que el siguiente paso será expresar las emociones, ponerle un nombre a esas señales y cambios, reconocer cómo nos hace sentir. Para después, pasar a la fase de proceso y gestión de emociones: ¿Qué quiere decirnos esa emoción? Y ¿qué podemos hacer?

Considero conveniente, comenzar por ampliar el vocabulario emocional de su hijo y una vez que sepan identificar al menos sus emociones más habituales; seguir por identificar, en ellos mismos, los cambios fisiológicos que les producen, cada una de las emociones que experimentan.

Identificando estos cambios fisiológicos es más sencillo, poder disminuir su intensidad cuando no se tratan de amenazas o peligros reales. Para ello, será conveniente que sus hijos sepan que nuestros cuerpos nos envían señales con cada emoción. En momentos donde puede que estallen y reaccionen de forma impulsiva, estas señales pueden ser mucho más intensas y será conveniente que sus hijos las detecten.

Las señales fisiológicas que cada persona experimenta ante una emoción pueden ser muy distintas, desde dolor de cabeza, sudor en las manos, apretar la mandíbula, contracción del estómago, apretar los puños, etc., o todas estas juntas. Estas señales se suelen denominar en inteligencia emocional, "Huellas Dactilares de las Emociones".

Identificar las huellas dactilares de las emociones ayudará a sus hijos en dos aspectos. En primer lugar, les avisarán de que se encuentran ante una situación difícil, que quizá necesiten de autocontrol; y por otra, ayudarán a que el niño considere esos cambios fisiológicos como algo común y natural, no considerándose como niños no apropiados, o pensando que solo les ocurren a ellos.

Las huellas dactilares son útiles sobre todo en situaciones de emociones negativas intensas, en aquellas donde nuestro cerebro emocional probablemente responda antes que el cerebro racional, produciendo un secuestro emocional. Por tanto, es bueno que nuestros hijos aprendan a detectar las señales que les producen sus emociones para poder aplicar técnicas de autocontrol, técnicas que veremos en el capítulo 3- Cómo evitar el secuestro emocional.

A título de ejemplo, detallaré algunas de las manifestaciones o señales que más comúnmente aparecen ante determinadas emociones y que a veces pueden producirnos un secuestro emocional. Es importante que lo tomen como una mera referencia porque es posible que sus hijos experimenten otro tipo de señales que no se parezcan en nada a estas.

Ante una emoción de Alegría, puede tanto aumentar como disminuir nuestra frecuencia cardiaca, se elevan las comisuras de la boca, se tiende a una mayor apertura de los ojos y la boca, es fácil apreciar la aparición de sonrisas o risas…

Ante una emoción de Asco, suele aumentar la tensión muscular, la frecuencia cardiaca y respiratoria, se aprecia un distanciamiento del estímulo que provoca la emoción, sensación de náuseas y repulsión, nariz fruncida, cierre de parpados, descenso y unión de las cejas y elevación de las mejillas…

Ante una emoción de Ira, aumenta la frecuencia cardiaca, la presión sanguínea y la tensión muscular, aumenta la tensión y el calor en el rostro y la temperatura corporal, se tiende a apretar los dientes y puños, a arquear las cejas…

Ante una emoción de Miedo, aumenta la frecuencia cardiaca, la tensión muscular, se altera nuestra función respiratoria (quedándonos a veces sin aire o, por el contrario, hiperventilando), aumenta la sudoración corporal, la sequedad en la boca…

Ante una emoción de Sorpresa, se incrementa la actividad cognitiva y neuronal, dilatación pupilar, interrupción puntual de la respiración, elevación de los párpados superiores y cejas, descenso de la mandíbula y apertura de la boca…

Ante una emoción de Tristeza, disminuye nuestro tono muscular y nuestra energía, tenemos dificultad para pensar y concentrarnos, se tiende a agachar la cabeza y la mirada, aumenta la humedad en los ojos, ganas de llorar y recogerse…

Estas no son más que referencias que suelen darse, pero tómelo como tal, ya que, ante emociones de agresividad, ira, rabia, miedo intenso la respiración se puede intensificar, o quizá entrecortar, sentimos como que el aire se queda en la parte superior del pecho o tenemos dificultad para coger el aire, tenemos palpitaciones, taquicardia, aceleración del corazón, cerramos los puños como para pegar un puñetazo, se nos encoge el estómago, sentimos nauseas, vómitos, sudores, temblores, bloqueo, apretamos los dientes, hormigueo, entumecimiento, confusión, ahogo, nos quedamos en blanco, paralizados, tenemos ganas de llorar, mirada dura en los ojos, cabeza agachada, o quizá levantada, cejas contraídas, nariz contraída, etc., etc., etc. En definitiva, cada persona puede experimentar unos cambios fisiológicos distintos a otra, aunque suelen haber coincidencias en muchos casos.

Cuando se habla de huellas dactilares de las emociones en inteligencia emocional se hace referencia sobre todo a las señales fisiológicas que experimentamos pero yo iría algo más allá. Muchas veces, si hacemos memoria, es fácil detectar situaciones donde hemos perdido el control y podemos darnos cuenta que esa pérdida de control habitualmente se produce en circunstancias similares, y con las mismas personas, a veces. Por tanto, no solo intentaría indagar sobre los cambios fisiológicos, sino también, sobre otros factores externos que puedan influir en el secuestro emocional, señales circunstanciales.

De nuevo, se tratará de realizar una labor de investigación. En donde respetaremos, en todo momento, las respuestas de nuestros hijos, nos gusten o no. ¡Recuerde los principios!

PREGUNTAS PARA DETECTAR LAS SEÑALES O CAMBIOS FISIOLÓGICOS EN NUESTROS CUERPOS:

1. **¿Qué o quién te despierta los momentos de mayor... agresión, ira, enfado, miedo, tristeza, celos, envidia, vergüenza?** En definitiva, cualquier emoción que detecten que el niño necesita autocontrol, o simplemente que quieran trabajar.

Mis papás, hermanos, amigos, el momento de bañarme, vestirme, ir al cole o a dormir, cuando estoy jugando y me quitan un juguete, cuando mis padres juegan con mi hermano y conmigo no, etc. Ayude a su hijo a encontrar sus respuestas, es fácil que ni tan siquiera él se haya parado a hacer una toma de conciencia de la situación.

2. **¿Qué señales experimentas en tu cuerpo?**

Dolor de cabeza, sudor en alguna parte del cuerpo, el corazón se acelera, dolor en el cuello, hombro, brazo, estómago, nauseas, mareo, confusión, respiración acelerada o entrecortada, falta de aire, aprieto los dientes, los puños, cierro los ojos, los abro mucho, tengo algún tipo de tic, etc. De nuevo, ayude a su hijo a detectar sus señales.

3. **¿Qué pensamientos tienes o qué te dices a ti mismo en ese momento?**

Puede que aquí la respuesta que le de su hijo no le guste nada, puede encontrarse con respuestas del tipo: "me gustaría que se muriera" o "lo quiero matar", etc. Es duro, y evidentemente, a ningún padre nos gusta escuchar algo así de boca de nuestros hijos, pero respételo. Son respuestas en cierto modo, "salvajes", impulsivas y no racionales. No es solo su hijo el que puede dar una respuesta así, es más común de lo que cree en situaciones de secuestro emocional. Hasta los adultos, en alguna ocasión, podríamos dar respuestas de ese tipo si no nos paramos a pensar. Solo trate de investigar haciendo estas preguntas. No realice ningún juicio, porque le guste o no, esa es la realidad y no sirve de nada sermonear a su hijo con está bien o mal, en este momento. Lo importante ahora es detectar sus señales, y que nos hable de sus señales y pensamientos reales, no de las señales y pensamientos que a usted le gustaría escuchar.

4. ¿Cómo sueles responder ante esa situación?

Le pego, me voy solo a mi habitación, lloro, rompo un juguete, le chillo, escupo, le tiro un juguete, digo palabrotas, me quedo bloqueado, paralizado, no se reaccionar, etc. Ayúdele si usted ha visto que a veces responde de alguna manera que quizá no se acuerda en este momento.

5. ¿Cómo te sientes después de tener esa respuesta o comportamiento?

Más tranquilo, más nervioso, orgulloso, fuerte, dolido, triste, culpable... Será útil tener a mano la lista de emociones para detectar cuál se ajusta más a cómo se siente.

6. Y ahora, viendo las cosas desde una situación más tranquila, ¿cómo te gustaría haber respondido ante esa situación?

Puede que te responda que igual, o incluso que le tendría que haber pegado más fuerte, sigue respetando sus respuestas. Piensa que, de momento, no tiene otras herramientas para actuar mejor, pero en ello estamos y en el capítulo 4- Enseñe a sus hijos a tomar decisiones de forma autónoma, veremos una herramienta muy efectiva que le puede ofrecer.

EJEMPLO DE DETECCIÓN DE SEÑALES, niño 7 años:

"¿Qué cosas te despiertan más enfado? —*Cuando no me dejan ver la tele y la quitan.*

¿Con quién te suele pasar eso? —*Con mi madre.*

¿Y qué notas en tu cuerpo cuando te enfadas? —*Mucha rabia.*

¿Y qué más notas en tu cuerpo? ¿Notas calor, frio, aprietas los puños? —*Sí, noto que tengo calor y mucha fuerza y ganas de destrozarlo todo.*

¿Aprietas los puños? —*Sí, y los dientes.*

¿Qué cara sueles poner? —*Así, de enfadado.*

Entonces, ¿frunces el ceño, aprietas los dientes, arrugas la nariz y la boca? —*Sí.*

Antes me has dicho que tenías ganas de romperlo todo, ¿qué piensas cuando estás enfadado? —*Que no es justo, mi madre siempre me está fastidiando.*

¿Qué más cosas piensas? —*Que la odio.*

¿Qué sueles hacer cuando tu madre te apaga la tele? —*Chillo e intento quitarle el mando para volver a encender la tele. A veces también tiro los cojines del sofá al suelo.*

¿Y cuando eso ocurre cómo te sientes después? —*Con rabia y ganas de llorar.*

¿Después estás tranquilo o nervioso? —*Muy nervioso, y me siento muy mal.*

Entonces me has dicho que cuando mamá te apaga la tele, ¿te da mucha rabia, aprietas los puños y los dientes, pones cara de enfadado y te entran ganas de romperlo todo; chillas, y a veces tiras cojines al suelo e intentas quitarle el mando a mamá? —*Sí.*

¿Cómo te gustaría sentirte cuando tu madre te apaga la tele? —*No quiero que la apague.*

Ya, pero a veces eso no podrá ocurrir. Las veces que no pueda ser y mamá te apague la tele, ¿cómo te gustaría sentirte cuando pase? —*Me gustaría que no me molestara tanto.*

Y si no te molestara, ¿de qué forma te sentirías? —*No sé... creo que me levantaría tranquilo y me iría a hacer otra cosa."*

¿Cuándo aplicar estas preguntas y trabajar las señales que le ofrecen sus emociones? Siempre que el niño esté tranquilo, cuando la situación de estrés o secuestro emocional haya desaparecido totalmente o incluso cuando no se dé. Simplemente saque el tema en un momento donde los dos tengan tiempo de hablar de forma calmada y tranquila; o cuando usted lo programe en su Plan de Educación.

Igual, la primera vez, su hijo no se acuerda de lo que le pasa cuando está enfadado, triste o alegre, pero la próxima vez que se le presente una situación de enfado, tristeza o alegría, prestará más atención a sus señales, y cada vez será más capaz de detectarlas y expresarlas.

CAPÍTULO 3
CÓMO EVITAR EL SECUESTRO EMOCIONAL

Una vez que su hijo haya ampliado su vocabulario emocional (al menos para identificar sus emociones más habituales) y le haya ayudado a detectar las señales que experimenta ante sus secuestros emocionales, es un buen momento para empezar a trabajar con los secuestros emocionales.

El secuestro emocional, se produce cuando, ante una emoción, la persona actúa de forma impulsiva sin pensar si el comportamiento que está llevando a cabo, es o no adecuado, simplemente reacciona, no permitiendo, debido a ese mismo secuestro emocional, que el sujeto piense. Se puede llegar a ver como la falta de autocontrol de una persona.

La realidad es que somos víctimas de la suma de reacciones psicológicas y fisiológicas, que se producen en nuestro cerebro, y más concretamente en el denominado cerebro emocional.

Cuando sufrimos un secuestro emocional, nos encontramos reaccionando de forma impulsiva ante determinados estímulos, que son procesados por el cerebro emocional. No quiero entrar mucho en detalle, pero puede ser interesante saber por encima la razón de los secuestros emocionales.

Nuestro cerebro está formado por, una parte más primitiva, el llamado "cerebro reptil", que se encarga de los instintos básicos, de la supervivencia; una parte emocional, el sistema límbico o "cerebro emocional", y una parte más racional, el neocórtex o "cerebro racional".

Lo que ocurre en un secuestro emocional, es que el cerebro emocional responde con mayor velocidad que nuestro cerebro racional, produciendo respuestas, quizá, muy poco útiles y efectivas, al no haber pasado por el análisis de nuestro cerebro racional.

En nuestro cerebro, situado en el sistema límbico (cerebro emocional), tenemos una masa con forma de almendra que es la amígdala, esta es la encargada de procesar y almacenar las reacciones emocionales. Cuando la amígdala, en una situación determinada, valora dicha situación como peligrosa o de amenaza real para la persona, pone a trabajar al sistema nervioso para que dé una señal de alarma en nuestro organismo, y este ejecutará los comportamientos necesarios para defenderse de la amenaza. El cuerpo empezará a segregar las hormonas necesarias para huir o luchar, se acelerará el pulso, se reducirá el campo visual, se alterará incluso nuestro propio pensamiento para poder concentrarse únicamente en la situación que la amígdala ha etiquetado de peligro o amenaza real para nosotros.

Nuestro cerebro racional de alguna manera se adormece y actuamos de forma impulsiva o instintiva. Nuestros pensamientos son inútiles o en vano, como si fuésemos siempre un paso por detrás de nuestras acciones. Estamos bajo el control de la amígdala, ante un secuestro emocional.

Cuando se está produciendo el secuestro emocional, la atención de nuestro cuerpo está dirigida a dar una respuesta a la emoción de urgencia y peligro, impidiéndonos llevar a cabo procesos de razonamiento en la situación. Por eso, es fácil que demos respuestas que no se corresponden con nuestros comportamientos habituales, y una vez pasado el secuestro emocional, una vez pasada la tormenta, estemos arrepentidos de nuestra respuesta e incluso, nos resulte vergonzoso haber actuado de esa manera.

Esta situación puede darse en los niños de forma algo más habitual. Al tener menos experiencia que los adultos, es habitual que su amígdala etiquete muchas más emociones como amenazas reales.

Al final, lo que provoca el secuestro emocional es una gestión inadecuada de una determinada emoción. Trabajando desde la inteligencia emocional podemos mejorar la situación para gestionar de forma adecuada nuestras emociones.

El primer paso que tenemos que dar es identificar los secuestros emocionales (nuestros o de nuestros hijos). Si no sabemos qué queremos evitar, difícilmente podremos evitarlo. Saber identificar las señales que se producen en nuestro cuerpo ante un posible secuestro emocional, resulta imprescindible para tratar de evitar que llegue a producirse tal secuestro.

"La frase de Sócrates: 'Conócete a ti mismo' confirma la piedra angular de la inteligencia emocional; la conciencia de los propios sentimientos en el momento en que se experimentan". (Goleman, 1996).

En el capítulo anterior, tiene el cuestionario de señales. Es importante que lo realicen, incluso por escrito, para identificar las señales que les producen sus secuestros emocionales, y en qué momentos se suelen dar.

Recuerde el cuestionario:

1. ¿Qué o quién te despierta los momentos de mayor (agresión, ira, enfado, miedo, tristeza, celos, envidia, vergüenza)? Refiriéndonos al secuestro emocional.

2. ¿Qué señales experimentas en tu cuerpo?

3. ¿Qué pensamientos tienes o qué te dices a ti mismo en ese momento?

4.¿Cómo sueles responder ante esa situación?

5.¿Cómo te sientes después de tener esa respuesta o comportamiento?

6.¿Cómo te gustaría responder ante esa situación?

Una vez que somos conscientes de las señales que nos avisan de un posible secuestro emocional, lo que debemos hacer es producir un "cortocircuito" en nuestro sistema, en el momento en que empezamos a detectar esas señales, para que la amígdala no tome el control y no anule nuestra razón.

Cuando vemos que en una situación determinada empiezan a aparecer esas señales en nuestro cuerpo: Podemos aplicar técnicas como las que detallo en este capítulo; y/o también alejarnos de la situación que detectamos que va a provocar un secuestro emocional, alejarnos física o mentalmente. No me refiero a huir de la situación y olvidarla, sino a ganar tiempo para nuestro cerebro racional, "cortocircuitar el secuestro", llevar la atención a otra cosa.

Quizá, alguna de las formas de producir un "cortocircuito" emocional las conoce, y puede ser incluso que les haya dicho en algún momento a sus hijos que las apliquen.

Técnicas para aplicar ante las primeras señales y producir "cortocircuito" emocional:

- Contar hasta diez respirando profunda y pausadamente, esto proporciona tiempo a nuestro cerebro racional para evitar reaccionar de forma impulsiva.
- Imaginar que sale de su cuerpo y alejado de usted mismo puede ver la situación desde fuera, como si estuviera viendo una obra de teatro o una película en directo donde usted es uno de los protagonistas.

- Buscar un modelo a seguir, esto es algo que tendría que pensar previamente, quizá cuando tenga que responder a la última pregunta del cuestionario.

  ¿Cómo te gustaría reaccionar? Piensa en alguien que pueda reaccionar así, ¿quién es? (podría ser real o imaginario), ¿cómo actúa ante esas situaciones?

  Esa persona o personaje podrá servirle de modelo, y ante las señales, imagine que deja de ser usted para actuar como si fuera su modelo.

- Otra técnica que también funciona muy bien en los niños es la Técnica del Semáforo de las Emociones, por Internet encontrarán muchos artículos sobre ella. Es muy sencilla, les explico cómo la pueden aplicar:

EL SEMÁFORO DE LAS EMOCIONES.

Básicamente consiste también en alejarse de la situación. Esta herramienta consiste en imaginar que ante las señales de posible secuestro (siempre antes de que ocurra) aparece una luz roja, que luego cambiará a naranja, o ámbar, y más tarde a verde. Este semáforo le indicará cómo actuar, en cada momento.

La luz roja indica "parar". Ante el estímulo de la luz roja, el niño, formulará el problema y expresará cómo se siente (todo mentalmente); solo se trata de identificar lo que ocurre, sin tratar de encontrar soluciones, pero ojo, está ante una luz roja, no puede hacer nada, ningún movimiento ni tan siquiera hablar. En esta fase el niño solo puede actuar consigo mismo. Aquí resulta muy útil que al formular el problema y expresar lo que siente mentalmente aplique la técnica de contar hasta diez respirando profunda y pausadamente. En esta fase el niño también puede decidir marcharse de la habitación y relajarse lejos del problema. Él será quien decida qué le funciona mejor.

Una vez que el niño se encuentre más relajado, cuando las señales hayan disminuido, su semáforo de las emociones se pondrá en ámbar.

La luz ámbar le indica que es hora de "pensar". Es hora de que su hijo analice la situación real, se marque un objetivo positivo, piense en varias soluciones y en las consecuencias que pueda tener cada solución. Tengo un problema que es... ¿Qué quiero que ocurra? ¿Cómo lo podría conseguir? ¿Qué pasaría si hiciera eso?

Igual ahora está pensando: "¡Sí, claro! ¡Mi hijo (o incluso yo) voy a hacer todo eso en una situación de estrés!".

¡Mi respuesta es que no! Ciertamente no, en una situación de estrés, no somos capaces de hacer todo eso. Como ya hemos dicho antes, en una situación de estrés (de secuestro emocional) no somos capaces de pensar apenas en nuestro nombre; pero la situación de estrés ha tenido que desaparecer para que el semáforo cambie de color. Cuando su hijo (o usted, si lo aplica) llega a esta fase de la técnica, ya ha provocado el "cortocircuito emocional". No hay secuestro, no hay situación de estrés, tan solo hay una situación con un "problema" que desea resolver.

Una vez analizado el problema y las posibles soluciones su semáforo emocional pasará a verde.

La luz verde indica que es hora de "actuar", de pasar a la acción, es hora de poner en práctica la solución que haya considerado más efectiva en la fase de luz ámbar.

La técnica es muy sencilla, y la efectividad de la misma estriba básicamente en activar la luz roja a tiempo, ante las mínimas señales de posible secuestro emocional. Es una técnica muy útil para lograr evitar el secuestro emocional pero también se puede usar para analizar cualquier tipo de problema que tengan, y pueden aplicarla tanto sus hijos como usted mismo.

Resumen de la técnica:

ROJO: Parar (es aconsejable respirar o alejarse física o mentalmente de la situación).

ÁMBAR: Pensar (analiza qué ocurre, piensa en posibles soluciones y sus consecuencias).

VERDE: Actuar (es hora de llevar a cabo tu solución).

Todas estas técnicas, son métodos que nos sirven para alejarnos de la situación. Como he dicho antes, alejarse de la situación no se trata de marcharnos del lugar (que si lo ve conveniente, también lo podría hacer), sino más bien alejarnos mentalmente de la situación que está a punto de provocarnos un secuestro emocional. Si contamos hasta diez, no podemos prestar atención total a la situación, por lo que es más difícil que se produzca el secuestro; si imaginamos que salimos de nuestro cuerpo para ver la situación como una película o que nos convertimos en nuestra persona o personaje modelo y empezamos a actuar como lo haría él; o aplicamos la técnica del semáforo, también son formas de desviar la atención de nuestro cerebro emocional, y dar tiempo al cerebro racional a responder más adecuadamente.

Lo importante de todas estas técnicas es realizarlas en el momento que empezamos a detectar las señales y no una vez producido el secuestro.

Quizá alguno de ustedes ha probado la estrategia de contar hasta diez respirando profundamente, y piense que no funciona. No importa, pruebe las otras estrategias o invéntese las suyas propias, tal vez esa no le funcione a usted o tal vez cuando aplicó la estrategia de contar hasta diez ya se había producido el secuestro emocional. O puede que a usted le sirva, ante las señales de secuestro, tararear mentalmente una canción que le gusta o pensar en sus vacaciones, eso también puede ser válido. Lo importante es hacerlo ante las primeras señales que de antemano ya tiene que tener reconocidas como posibles desencadenantes de su secuestro emocional.

Una vez producido el secuestro emocional, las estrategias ya no tienen la misma efectividad, servirán para intentar relajarles y salir más rápidamente del secuestro, pero ya no será tan válido, como aplicarlo en cuanto notemos las señales. Quién lo ha probado en el momento de detectarse las señales, sabe lo efectivo que resultan estas técnicas para "cortocircuitar el secuestro emocional".

Por eso es fundamental, que identifiquemos y detectemos de antemano, fuera de las situaciones de estrés, cuáles son las señales que aparecen en nuestro cuerpo, y también con quién y en qué situaciones suelen aparecer, porque ante una situación de estrés, ante la más mínima señal que nos haga pensar que se puede producir un secuestro emocional en nosotros, podremos hacer uso de estas y otras técnicas para "alejarnos de la situación" y producir el "cortocircuito" del secuestro. Si lo intentamos realizar, una vez producido el secuestro emocional, no será apenas efectivo. Servirá una vez pasada la tormenta, para intentar relajarnos más rápidamente, pero la tormenta ya habrá ocurrido.

Es importante, que repita la misma técnica siempre que detecte sus señales, elija la que le resulte más útil y efectiva, y repita siempre esa. El cerebro aprende a base de repetición, si repite esa técnica de forma habitual, pronto lo hará de forma inconsciente. Y si alguna vez no lo hace, recuerde el principio Nº 5- Los cambios suelen ser costosos y el Nº 2- Equivocarse es bueno, aprenda de ese momento, analice qué ha ocurrido y qué podría haber hecho para mejorar la situación.

Estas técnicas se pueden reforzar con otras prácticas de relajación, que son muy útiles, tanto si suele experimentar habitualmente secuestros emocionales, como si no. Estas prácticas de relajación ayudan a relajar nuestro cuerpo, nuestra mente y nuestros comportamientos, y nos ayuda en momentos de tensión o estrés a echar mano de ellas y relajarnos más rápidamente. Les resultará más fácil a sus hijos pasar del rojo al ámbar.

Existen varias técnicas de relajación: ejercicios de respiración, yoga, taichí, son artes o prácticas que nos enseñan a centrar nuestra atención en la respiración y en el cuerpo. La práctica habitual de estas técnicas favorece que la persona de forma consciente pueda relajarse rápidamente ayudando con ello, entre otras muchas cosas beneficiosas para la salud, a frenar su impulsividad.

A mí me resulta especialmente interesante la técnica de Mindfulness. La palabra Mindfulness, se ha traducido al español como "Atención Plena o Consciente"; son un conjunto de técnicas y ejercicios mentales para entrenar la mente a estar en el aquí y ahora. Es decir, entrenar a la mente a concentrarse en el momento presente, dejando a un lado los pensamientos y preocupaciones que constantemente circulan por nuestra cabeza, esos diálogos internos que todos tenemos y que muchas veces no nos dejan disfrutar del momento presente. Dicen que tenemos alrededor de 60.000 pensamientos al día y que la gran mayoría, alrededor del 80%, son pensamientos negativos (creencias que nos limitan, preocupaciones, reforzamiento de sentimientos negativos), pensamientos que nos consumen energía sin hacer nada y que muchas veces llegan a desbordarnos, perturbarnos y creer que tenemos un día horrible.

Las técnicas de Mindfulness entrenan la atención en el momento presente, sin emitir juicios, con aceptación y curiosidad de nuestra realidad. Por un momento se deja a un lado las preocupaciones del pasado o futuro, los juicios y creencias y nos enseña a responder de forma positiva a lo que está pasando en el momento presente, siendo conscientes de nosotros mismos, de nuestras emociones y pensamientos, aceptándolo tal como vienen y sin emitir ningún juicio sobre ellos.

Realizar un ejercicio de Mindfulness puede considerarse como una interrupción de nuestro piloto automático. Como apagar los motores del barco y permitir que este navegue suavemente por el mar.

Estas técnicas tienen beneficios muy sorprendentes tanto para adultos como para niños, y dentro de sus técnicas, consta de ejercicios que van desde los muy sencillos a ejercicios mucho más complejos que rozan la meditación.

Lo bueno del Mindfulness, lo que más me gusta, es que realizando incluso los ejercicios más sencillos y practicándolos tan solo 10 minutos al día durante 3 días a la semana es suficiente para observar sus valiosos beneficios. En Internet pueden encontrar ejercicios muy sencillos y útiles para sus hijos. Entre los beneficios que ofrece a los niños están:

- Ayudar al niño a prestar atención.
- Mejorar la concentración en clase, para hacer deberes, en los exámenes, para estudiar. En definitiva, mejora el rendimiento escolar.
- Ayudar a calmarse y controlar sus impulsos (secuestros emocionales).
- Potenciar las emociones positivas al hacerlos más conscientes de ellas.
- Reducir el estrés y la ansiedad (que muchas veces provocamos los mismos padres por nuestra vida llena de obligaciones).

Entre los ejercicios que puede practicar con sus hijos y que son tremendamente beneficiosos están varias técnicas de respiración consciente, de atención a los sentidos, de identificación de sentimientos y emociones, distintas visualizaciones a lugares tranquilos, etc.

RESPIRACIÓN CONSCIENTE:

Respirar es una función vital que normalmente se hace de forma involuntaria. Mediante ejercicios de respiración consciente y controlada se accede fácilmente a estados de atención profunda y de concentración.

Dentro de esta técnica hay muchos ejercicios para realizar con niños, suelen durar entre seis y siete minutos por lo que son ideales para realizarlo todos los días, a la vuelta del cole, antes de dormir o, incluso, a media tarde[3].

ATENCIÓN A LOS SENTIDOS:

Aquí también hay varios ejercicios útiles, sencillos y muy divertidos. Tan sencillos y divertidos como el ejercicio de comerse una uva o un tomatito cherry despacio, con atención plena y concentración, siendo conscientes de todas las sensaciones. O por ejemplo, con una pajita, hacer burbujitas pequeñas dentro de un vaso con agua, prestando atención a cada gota que se forma y cuidando que no se desborde ninguna de ellas.

IDENTIFICACIÓN DE SENTIMIENTOS Y EMOCIONES:

Dentro de esta técnica también hay muchos ejercicios para realizar, uno podrá ser: Focusing[4], se pide al niño que desde una postura de calma escanee su cuerpo desde la cabeza hasta los pies para detectar distintas emociones o sentimientos, conforme va escaneando y detectando emociones (en la cabeza, o estómago, o cuello, o corazón…) nos irá contando, le pediremos que ponga un color, una forma, que se concentre en ella durante un tiempo y le preguntaremos: ¿Sigue en ti la emoción? ¿Se ha movido de lugar? ¿Tiene el mismo color y forma? ¿Qué ha cambiado?...

Quizá este sea un ejercicio para cuando el niño ya esté muy habituado a hablar de sentimientos y emociones. Puede practicarlo cuando considere oportuno y haya practicado las otras técnicas.

---

[3] En YouTube, buscando "Mindfulness para niños" aparecen varias páginas webs que tiene unos ejercicios guiados maravillosos.

[4] Puede encontrar más información en Internet

VISUALIZACIONES A LUGARES TRANQUILOS:

Visualizar es imaginar o sentir algo internamente, imaginarse una imagen, "ver algo que no está delante de sus ojos". Por ejemplo si le pido que me describa su coche podría hacerlo sin tenerlo delante. De alguna forma lo está visualizando. Lo mismo puede hacer si le dijera que se imaginara en una playa paradisíaca, etc. Usted mismo puede inventarse visualizaciones tranquilas y relajantes para sus hijos, en Internet puede encontrar ejemplos de cómo hacerlo.

Hay muchísimos ejercicios sencillos y divertidos de Mindfulness que puede utilizar para sus hijos y para usted mismo.

CAPÍTULO 4
ENSEÑE A SUS HIJOS A TOMAR DECISIONES DE FORMA AUTÓNOMA

En el capítulo anterior, hemos visto cómo evitar el secuestro emocional. En este, lo que veremos, es una herramienta para gestionar las distintas emociones que experimentan nuestros hijos, para afrontar las distintas situaciones que se encuentran en sus vidas, en definitiva, para tomar decisiones de forma autónoma.

Ya hemos visto que las emociones y sentimientos (tanto positivas como negativas), son impulsos y señales de nuestro cuerpo que se producen para movernos a actuar. Por tanto, enseñaremos a nuestros hijos a escuchar sus emociones y le daremos herramientas para actuar y gestionarlas de forma positiva.

En muchas situaciones, con la mejor intención del mundo por nuestra parte, ante un conflicto en el que se halla nuestro hijo, actuamos rápidamente para resolver "su problema" pero con gran frecuencia nos enfocamos en actuar sobre un problema que no es el real. La gran mayoría de veces nos centramos en resolver las consecuencias del verdadero problema de nuestros hijos.

Desde el punto de vista de la Inteligencia Emocional, aquí estamos cometiendo dos errores. El primero, intentar resolver nosotros los problemas de nuestros hijos; es importante que le ofrezcamos a nuestros hijos herramientas para ayudarles a resolver sus problemas de forma autónoma, aunque se equivoquen, aunque pensemos que nosotros lo haríamos de otra manera y estemos seguros que sería mejor que lo hiciera así, quizá a ellos les resulta más efectivo hacerlo de otra forma; y si no, les habrá servido para aprender de sus errores. El segundo error es que muchas veces no nos enfocamos en el problema real, sino en las consecuencias de su problema. Muchos de los que llamamos problemas de nuestros hijos son peleas entre hermanos, rabietas, malas contestaciones, que tienen miedo por la noche y nos llaman cada dos por tres, etc. Estas cosas no son más que consecuencias de una mala gestión emocional.

Es importante enseñarles a nuestros hijos a resolver sus problemas y tomar decisiones de forma autónoma, desde pequeños, no es necesario que lleguen a su edad adulta. Para ello lo ideal es ofrecerles un procedimiento a seguir, una guía, una serie de cuestiones a plantearse ante cualquier problema.

Esta guía le servirá tanto a sus hijos como a usted mismo. Son pasos a seguir para enfrentarse a resolver sus problemas o cuestiones que les preocupan o perturban. Nuestra tarea como padres, si educamos en inteligencia emocional, es hacer de este modelo, de estos pasos, una práctica habitual en el día a día de nuestros hijos, y del nuestro propio.

Como ya dije al principio del libro, para llevar a cabo una educación emocional, es importantísimo seguir los principios del capítulo 1 como algo habitual y común, ya que si no lo hacemos, es posible, entre otras cosas, que nuestros hijos no confíen en nosotros y nos vean más como policías esperando meter en la cárcel a un "malo", que como padres que intentan servir de apoyo y ayuda a sus hijos; y esto no nos ayudará mucho ni a nosotros ni a ellos.

Por tanto, es importante mantener todos los principios del capítulo 1, para que su hijo no adopte una actitud defensiva. Es posible, que si esa ya es la actitud adoptada por el niño, tenga que tener mucha más paciencia con todo el proceso, no desespere, poco a poco su hijo se irá dando cuenta de que su actitud no es de ataque sino de preocupación por él y de ayuda; y podrá comprobar cómo su actitud irá cambiando también. No es aconsejable que presione a su hijo, todo lleva su tiempo, y será mucho más efectivo que se dé cuenta por él mismo.

Este es un proceso que, al aplicarlo habitualmente, tanto el niño como usted irá automatizándolo en su cabeza. Sin darse cuenta lo aplicará para resolver sus problemas y preocupaciones (tanto de sus hijos como suyos propios). Al principio puede ser útil, sentarse con su hijo y realizarlo escribiendo los pasos que están siguiendo. Utilicen este proceso tanto para pequeñas cuestiones del día a día como para grandes problemas, incluso de su vida laboral, será eficaz en cualquier caso.

Este procedimiento no trata de darle las soluciones a los problemas de su hijo, las soluciones las tendrán que dar ellos mismos, recuerde, cada persona es única y tiene unas necesidades únicas. Tratamos de darle herramientas para que ellos sean capaces de resolver sus problemas y preocupaciones de forma autónoma, desarrollando y potenciando su inteligencia emocional.

Dependiendo de la edad de su hijo es posible que tenga que ayudarle a generar ideas, pero teniendo claro en todo momento que esta es una herramienta para que su hijo resuelva de forma autónoma sus problemas, no para decirle lo que tiene que hacer.

La gran mayoría de veces, nuestras emociones y sentimientos son las señales que nos avisan de que tenemos un problema o una cuestión que resolver. Pero muchas veces, ante esos sentimientos nos quedamos paralizados, estancados en el sentimiento, y pensando que es lo que nos ha tocado vivir y no lo podemos cambiar. Eso no tiene que ser necesariamente así, y es importante inculcarles esto desde pequeños a nuestros hijos. Tenemos que cambiar esta creencia generalizada que tiene nuestra sociedad… Hágale un gran favor a sus hijos, y a usted, enseñándoles a aplicar y aplicando usted mismo este proceso, para servir de ejemplo.

En Inteligencia Emocional, en Coaching, Programación Neurolingüística, etc., se dice que siempre tememos la posibilidad de elegir. Podemos elegir quedarnos parados, como estamos, y no hacer nada o podemos elegir actuar. Adoptemos la elección que adoptemos, hágalo de forma consciente. Pase todas sus tomas de decisiones por este procedimiento, no se quede paralizado porque no sabe cómo actuar, sea un ejemplo para sus hijos y enséñeles a tomar las riendas de sus vidas ayudándoles a obtener aquello que quieren.

Las emociones positivas amplían nuestras capacidades para actuar, nos vuelven más creativos, receptivos, más seguros de nosotros mismos, en definitiva amplían nuestros recursos tanto físicos, como mentales y sociales. Cuantas más emociones positivas generemos mejor nos irá en la vida.

Las emociones negativas nos avisan que algo tenemos que cambiar, y preparan al cuerpo para actuar. Huir de las emociones negativas o pensar que tenemos que conformarnos "con lo que hay", no es una decisión muy inteligente desde el punto de vista emocional. Debemos aprender a ver en ellas lo que son, señales que nos avisan que existe un problema, porque si no actuamos, a la larga, el problema empeorará.

Una de las cosas más beneficiosas de ayudar a nuestros hijos a resolver sus problemas o gestionar de forma positiva sus emociones es que ampliamos la confianza en sí mismos, contribuyendo a generar emociones positivas en ellos.

Tenemos que enseñar a nuestros hijos a ver las emociones como lo que son, señales o impulsos que les preparan para actuar. Ante una emoción, debemos pararnos a reflexionar sobre lo que ocurre para, después, poder actuar. Ya hemos visto herramientas para paralizar el secuestro emocional y poder pararnos a reflexionar.

Podríamos ver las emociones negativas como una señal que nos indica que tenemos un "problema" pero como la palabra problema en nuestra sociedad lleva asociada indirectamente una carga emocional negativa con la que muchas veces la solemos relacionar, tendiendo a huir de ellas, prefiero utilizar el concepto de cuestión o situación a resolver.

Por lo tanto, se trata de asociar la emoción a una situación que resolver.

Emoción negativa = aviso de situación a resolver.

(Cuando aplicamos esta igualdad nos referimos a emociones o sentimiento negativos).

Nuestra responsabilidad como padres es darles, a nuestros hijos, las herramientas para que resuelvan las situaciones de su vida de forma positiva y autónoma.

"La forma en la que te trata la gente es su problema. La forma en la que tú reaccionas es el tuyo". (Wayne Dyer)

Muchas veces nuestros hijos echan balones fuera y culpan a los demás de sus situaciones: "Estoy enfadado porque Lucía me ha quitado el juguete… la culpa es de Lucía". En principio parece muy razonable, Lucía lo ha hecho mal, pero nuestros hijos tienen que aprender a responsabilizarse de sus emociones. Aunque la culpa haya sido de Lucía, él va a tener que ser el que resuelva su situación; en este momento es él el que tiene que actuar, es posible que Lucía esté muy tranquila y no tenga que resolver nada. Esta situación, se la encontrarán sus hijos muchísimas veces en su vida de adulto, en sus trabajos, en sus obligaciones diarias, etc. Y lo miremos como lo miremos, nuestras emociones, son nuestras y sea justo a no, los únicos que las podemos resolver somos nosotros mismos, actuando cuando las identifiquemos; no podemos esperar que otros actúen por nosotros.

Por tanto, es importante que, ante cualquier incidente, no se busquen culpables, se trata de identificar y trabajar desde la responsabilidad que tiene cada uno, desde lo que nosotros podemos hacer para resolver o cambiar la situación que no nos gusta, la haya provocado, quién haya sido. Aunque la responsabilidad no sea nuestra, en toda situación, siempre, hay una parte que podemos cambiar, como mínimo, la forma de interpretar el hecho; podemos gestionarla y buscar distintas opciones ante esa realidad, que es la que es.

Muchas veces, nuestras preocupaciones, problemas o simplemente determinados sucesos no son más que percepciones de la realidad, que de alguna forma están distorsionadas. Es decir, sin darnos cuenta, exageramos el asunto, generalizamos o imaginamos consecuencias cuya probabilidad de que ocurra son mínimas, pero las vemos como si fueran seguras. Ante cualquier situación sea la que sea, como mínimo, podremos trabajar esa distorsión de la realidad. Pero en la gran mayoría restante de situaciones el campo de actuación es muy amplio.

Si desde la infancia aprendemos a ser realistas, a aceptar las circunstancias tal como ocurren, buscar opciones para resolver esa situación y llevarla de la mejor manera posible, muchas de las preocupaciones y problemas que tenemos como adultos, desaparecerían. Las situaciones serán las mismas, pero su actitud ante ellas será totalmente distinta, porque habrán automatizado el proceso de resolución de problemas y toma de decisiones; y actuarán ante la mínima señal de que exista un problema o situación a resolver.

Cuando antes he dicho que hay que ser realistas y aceptar las situaciones tal como ocurren, no me refiero a que hay que resignarse, ¡todo lo contrario!, hay que aceptar la realidad y desde esa realidad, buscar qué podemos hacer para cambiarla o para mejorarla. No se trata de aceptarla y resignarse. Eso es lo que está ocurriendo en la mayoría de personas de nuestra sociedad, no les gustan sus vidas, pero la toman como algo que no pueden cambiar, la "aceptan" y se resignan. Eso no es aceptar, porque igual no todos los días, pero más de uno, volverá a aparecer ese sentimiento de inconformismo que no desaparecerá mientras no se actúe sobre lo que puede hacer en su vida, provocando muchas veces, dolores físicos, enfermedades, ansiedad, etc.

Por tanto, con aceptar la situación me refiero a que las cosas son como son, y muchas de ellas no podemos cambiarlas. Se ha de partir de la situación real, tal y como es, no de la que nos gustaría que fuera, esa situación es la situación deseada. Y esa situación, podrá llegar a ser nuestro objetivo, si tras estudiarla vemos que es realizable, aunque tengamos que esforzarnos mucho. Si no, hay muchas más opciones para cambiar la situación, se trata de buscarlas, pero no resignarse, sin más.

Aclarado esto, vamos a empezar con la herramienta, a analizar los pasos a seguir. Ya hemos visto que ante una Emoción, el niño tiene que interpretar que hay una situación a resolver. Eso se consigue siendo constantes y utilizando este proceso cuando nuestros hijos se encuentren ante determinadas situaciones que tengan dificultad de gestionar de forma positiva. Empezaremos haciéndolo de forma totalmente consciente, cuando el niño esté más calmado y poco a poco se automatizará y será un proceso totalmente inconsciente y rápido.

Me parece importante volver a hacer hincapié en que en todo momento tenemos que aceptar las emociones que surjan en nuestros hijos, o en nosotros mismos. Las emociones surgen desde nuestro interior más profundo, desde nuestro inconsciente. Decirle a su hijo, o a usted mismo, que no se tiene que sentir así, aunque sea desde el cariño y respeto, es no permitirles que expresen sus emociones.

Acepte su emoción, aunque a usted le parezca una gran tontería. Vamos a trabajar sobre ellas, y ya se dará cuenta su hijo, si tiene que darse, si es, o no, una tontería. Quizá trabajándola le sorprenda a usted la gran profundidad de esa emoción, y cambie de opinión. Sea como sea, respételo, es la única manera de conseguir que su hijo se abra a usted y exprese sus emociones y sentimientos, pueda conocerlo mejor y le resulte más fácil ayudarlo.

PASOS A SEGUIR PARA RESOLVER PROBLEMAS Y TOMAR DECISIONES DE FORMA AUTÓNOMA:

1- TENGO UNA CUESTIÓN O SITUACIÓN A RESOLVER.

Cuando surge la emoción.

En este paso, identificamos las señales fisiológicas y la emoción, le ponemos nombre y expresamos cómo nos sentimos. Para ello hemos ampliado el vocabulario emocional y tenemos el listado de emociones que también podemos usar.

Es el momento de asociar el término 'emoción' a la señal que nos indica que existe una situación a resolver.

Emoción negativa = situación a resolver.

Este es el momento de preguntarle:

"¿Qué te está diciendo esa emoción?"

"¿De qué quiere que te des cuenta?"

"¿Qué situación quiere cambiar?"

"¿De qué cosa que no te gusta te está avisando?"

EJEMPLO:

Sergio está enfadado porque Lucía le ha quitado su juguete.

Emoción = enfado = situación a resolver.

"¿Qué te está diciendo esa emoción? —*Que Luc*ía es tonta.

Creo que te está avisando de algo que no te gusta, ¿de qué cosa que no te gusta te está avisando? —*No me gusta que me quiten mis juguetes. ¡Lo tenía yo!*

Entonces esa emoción te avisa de que quiere cambiar algo, ¿qué situación quiere cambiar? —*Que no me quite mis juguetes.*"

(Seguiremos con el ejemplo de Sergio a medida que ampliemos los pasos).

2- ESTABLEZCO MI OBJETIVO.

Es decir marcar lo que queremos. Si no sabemos lo que queremos, ¿cómo podemos trabajar para conseguirlo?

Esta quizá sea la parte más importante de todas. En este paso no tratamos de que nos digan qué cosas pueden hacer, ese es el siguiente paso, pero aún no es el momento, ahora es el momento de que nos digan qué es lo que quieren, qué les gustaría que ocurriera en esas situaciones.

Se trata de dar respuesta a cuestiones como:

"¿Qué es lo que deseas?"
"¿Qué es lo que realmente quieres?"
"¿Qué te gustaría que ocurriera?"
"¿Qué quieres cambiar? ¿Cómo te gustaría que fuera?"

En la fijación de objetivos es indispensable que, tanto sus hijos como usted, formulen sus objetivos de forma positiva, esto puede resultar algo difícil al principio pero si nos acostumbramos a fijarnos objetivos expresándolos de forma positiva, fijaremos una meta a la que acercarnos y sabremos si hemos llegado o no a esa meta. Si lo hacemos de forma negativa, tenemos una meta de la que alejarnos y nunca sabremos si hemos llegado a lo que queremos, porque no vamos hacia algo, si no que huimos de algo. A eso, además, súmele, que tener la sensación de estar huyendo de algo, no es nada motivador.

La gran mayoría de nosotros tenemos muy claro lo que no queremos, pero se nos hace bastante difícil concretar lo que queremos. Para facilitar la consecución de cualquier objetivo es básico que fijemos un punto al que acercarnos y no uno del que alejarnos, porque de la segunda manera nunca llegaremos a conseguir lo que queremos, solo nos esforzaremos por no tener lo que no queremos.

Expresando y fijando objetivos positivos, podremos llegar a obtener lo que queremos y por ende, alejarnos de lo que no queremos, por lo que mataremos dos pájaros de un tiro.

¿Cómo hacerlo con sus hijos o con usted mismo?:

Su hijo seguramente tenga claro qué es lo que no quiere, es posible que le diga cosas como: "no quiero que me pegue"; "no quiero suspender"; "no quiero tener miedo a la oscuridad", etc.

Esto es un buen comienzo para fijar el objetivo pero no podemos dejarlo ahí, ese objetivo no está definido de forma positiva, no es algo a lo que queramos acercarnos sino más bien, huir. ¿Qué tenemos que hacer? Seguir indagando con preguntas tales como:

"y si no te pegara… ¿Cómo sería?"

"y si no suspendieras, ¿cómo te gustaría que fuera?"

"y si no tuvieras miedo… ¿Qué ocurriría?".

No se trata de cambiar un "no quiero que me pegue", por un "quiero que no me pegue"; o "quiero que no me quite los juguetes" o "quiero que no me moleste". Se trata de ir más allá, que hable de un objetivo que quiera conseguir. Tener siempre presente esa idea, hacia dónde quiere ir, no de qué quiere huir.

Se trata de formular objetivos del tipo:

No quiero que me pegue por… "quiero jugar con él y tener una relación cordial".

Quiero que no me quite los juguetes por… "quiero que cada uno juegue con los juguetes que tiene".

Quiero que no me moleste por…"quiero poder concentrarme, cuando esté estudiando, hasta que acabe".

No quiero suspender por… "quiero aprobar los exámenes".

No quiero tener miedo a la oscuridad por…"quiero sentirme tranquilo ante la oscuridad".

Solo fijando nuestros objetivos y haciéndolo de forma positiva podremos trabajar y buscar la manera de conseguirlo.

Otra cosa que tenemos que tener en cuenta a la hora de fijar objetivos es que estos tienen que ser específicos, realistas, y tenemos que fijar un tiempo para realizarlos. Pongo ejemplos para que se vea más claro.

Si decimos "quiero estar tranquilo" no es específico, ante qué situaciones quieres estar tranquilo, ponme un ejemplo. "Quiero estar tranquilo antes de un examen". (Este es un objetivo específico y positivo).

"Quiero convertirme en pájaro para volar". Es positivo, especifico pero no es realista, no es alcanzable. Podría buscar otras maneras de volar si es lo que quiere, con parapente, en avión, pero convertirse en pájaro no es posible.

"Quiero aprobar los exámenes". Es positivo, especifico y realista, pero también es necesario fijar una fecha porque si no se convierte en una intención y no en una meta a conseguir. Por tanto, tendría que definirse como: "Quiero aprobar los exámenes este curso".

Es importantísimo que los objetivos que se marquen sean adecuados dentro de los aspectos de su vida y entorno, es decir que sea apropiado. Lo que en Programación Neurolingüística denominamos "ecológicos para su entorno". Esto es, que las consecuencias, de realizarlo, sean como mínimo neutras, es decir que no sean negativas. Un objetivo bien definido es:

"Quiero romperle el brazo a mi hermano mañana". Este es un objetivo bien definido, cumple con todos los filtros para ser válido menos uno que es muy importante, no es muy ecológico para su entorno, cumplir su objetivo lleva consigo consecuencias bastantes negativas, como mínimo, para su hermano.

Por tanto, es importante que su hijo o usted aprendan a definir correctamente sus objetivos. Recuerde, tienen que ser:

POSITIVOS (¿Qué quieres conseguir? saber a dónde quiere llegar, no de qué quiere huir).

ESPECÍFICOS (Concretando al milímetro, ¿qué quiere conseguir realmente?).

FIJAR UN TIEMPO (¿Cuándo quieres alcanzar tu objetivo?).

REALISTAS (¿Es realista y alcanzable lo que se propone?).

ECOLÓGICO (¿Es inofensivo lo que quieres? ¿Cómo afecta a tu entorno?).

Se podrían pasar por más filtros para definir un objetivo de forma eficaz, pero sin duda estos son los más importantes.

Una última cuestión importante en todo objetivo es que no perdamos el norte y seamos conscientes en todo momento que de lo que se trata es que nuestros hijos (o nosotros) actuemos para conseguir aquello que queremos. Por tanto, es importante que fijemos objetivos que dependan de nosotros, al menos en un porcentaje bastante elevado. Si no es posible, podemos hacer dos cosas: Una, plantearnos fijar otro objetivo que dependa de nosotros o; dos, ser consciente de ello y hacer todo lo que esté en nuestra mano, para que el objetivo se pueda producir, aun sabiendo que, en última instancia, no dependerá de nosotros. Por ejemplo:

"Me gustaría que mi hermano me quisiera más". No es del todo específico, tendríamos que concretar ese "más". Una vez especificado, seguimos analizando y es positivo, realista, ecológico, faltaría fijar una fecha para hacerlo y listo, pero... Aquí hay una cuestión básica: aunque improbable, es posible que, por mucho que se esfuerce su hijo, su hermano no lo quiera más. Este objetivo no depende de él, sino de su hermano. En este caso tendríamos que hacérselo ver al niño, y una vez que sea consciente de ello preguntarle[5].

EJEMPLO (continuación):

"Entonces, ¿qué es lo que deseas? —*Que Luc*ía no me quite los juguetes.

Y si Lucía no te quitara los juguetes, ¿cómo sería? —*No sé, jugaríamos tranquilos.*

¿Qué quieres cambiar? —*Quiero que podamos jugar cada uno con el juguete que tenga.*

(Es positivo, específico, realista, ecológico... Faltaría fijar un tiempo).

¿Cuándo te gustaría que ocurriera eso? —*Siempre.*

¿Te gustaría hacerlo hoy mismo? ¿Tú crees que se podría? —*Sí, si Luc*ía quiere.

¿Tú podrías jugar tranquilo hoy mismo? —*Sí.*"

[5] Más adelante, antes del resumen, pongo un ejemplo.

3- GENERO OPCIONES.

En esta fase, el objetivo, es que sus hijos generen todas las ideas posibles para conseguir su objetivo. Esta es la fase más divertida. Aquí, se trata de dejar volar la imaginación sin juzgar si las opciones que se dan son buenas o malas. Eso ya lo haremos en otro paso, en este, diviértanse y utilicen el sentido del humor, que siempre es bueno.

Se trata de generar muchas ideas, cuantas más mejor, no de encontrar una respuesta correcta. Si lo consideran útil, pueden escribirlas en un papel para analizarlas en el siguiente paso, y estudiar los pros y los contras.

En este paso, tratamos de dar respuesta a cuestiones como:

"Y para llegar a tu objetivo, ¿qué podrías hacer?"
"Y para conseguir lo que quieres, ¿qué harías?"
"¿Qué ideas se te ocurren para conseguir tu objetivo?"
"Si tuvieras una varita mágica, ¿qué harías con ella para poder conseguir tu meta?"

Si sus hijos se quedan en blanco, podemos ayudarles diciéndoles:

"¿Te gustaría alguna sugerencia por si te puede servir?". (Recuerde, su sugerencia puede no ser la que más le guste a su hijo, no olvide respetarlo).

Esta es una forma, también, de dejar que nuestros hijos piensen de manera creativa, aquí dejamos de lado las críticas, desaparecen las censuras que, muchas veces, nos impiden ser creativos. A veces la idea más absurda, nos llevará a encontrar la idea clave.

Aquí, igual aparecen posibilidades del tipo: "podría matarlo", no importa, lo apuntamos. Como posibilidad, existe. Ya analizaremos sus pros y sus contras; pero ahora, en este paso, esa opción también vale. En este paso, todo vale, hasta llamar a un marciano. En el siguiente paso, analizaremos cada opción, y será bueno que nos encontremos con opciones del tipo "podría matarlo" porque en el siguiente paso su hijo podrá analizar las consecuencias de esa opción. Si la descartamos antes, su hijo solo verá que esa opción a usted no le gusta, pero no le dará la oportunidad de analizar por qué.

EJEMPLO (continuación):

"¿Y qué podrías hacer para que Lucía y tú juguéis con el juguete que tiene cada uno de forma tranquila?

—Podría decírselo a Lucía y si no hace caso no juego con ella más.

—Podríamos separar los juguetes.

—Podríamos jugar cada uno en una habitación.

—No sé, no se me ocurre nada más.

Y si tuvieras una varita mágica, ¿qué harías para que jugarais cada uno con el juguete que tiene?

—La metería en una jaula... así no me quitaría nada.

—También la paralizaría cuando fuera a quitarme mis cosas.

(En este caso la varita mágica le ha otorgado poder sobre Lucía y está en su rol de dominar, vuelva a preguntar...).

¿Y para poder jugar de forma tranquila cada uno con sus juguetes, qué más podrías hacer?

—Podríamos poner unas normas de juego, como en fútbol, y si alguien le quita un juguete a otro, es tarjeta roja y expulsión, no juega más.

¿Se te ocurre alguna idea más?

—No."

Lo ideal sería anotar las opciones para que pueda analizarlas.

4- ANALIZO MIS OPCIONES.

En esta fase, su hijo tendrá que analizar los pros y los contras de cada una de las opciones anteriores y seleccionar la que considere más eficaz. Se trata de pensar en las consecuencias, prever lo que podría ocurrir.

Usted, puede ayudarle, si en algún caso, su hijo no está todavía entrenado para hacerlo, pero evite decirle: "esta opción no porque puede pasar esto", no tome decisiones por él, solo ayúdele a analizar las consecuencias: "si haces esto, podría pasar esto otro"; su hijo será el que decida si es buena opción o no.

¡Recuerde! Estamos enseñándoles a tomar decisiones de forma autónoma; (siempre que no atente contra los valores directos de la familia, se respetará su decisión), y si la decisión que toman no es la más correcta, no importa, será un aprendizaje para ellos. Es importante que nuestros hijos se den cuenta que cada comportamiento produce unas determinadas consecuencias, y que tendrá que tenerlas en cuenta antes de realizar cualquier tipo de acción.

EJEMPLO (continuación):

"¿Repasamos las opciones a ver cuál o cuáles te gustan más? —*Vale.*

—La de decírselo antes de jugar a Lucía y si no hace caso no juego más con ella, no está mal pero creo que me enfadaría de todas formas y pasaría lo mismo.

—La de separar los juguetes... igual luego quiero yo uno que tiene ella en su lado y no lo podría coger.

—Lo de jugar cada uno en una habitación no, porque yo si quiero jugar con ella, lo que no quiero es que me quite lo que tengo yo.

—Lo de no jugar más con Lucía tampoco, porque quiero jugar con ella.

—Lo de meterla en la jaula y paralizarla no puedo, aunque a veces me gustaría.

—La mejor opción es la de las reglas del juego, como en un partido de fútbol."

5- TRAZO MI PLAN.

La planificación es un paso del proceso muy importante, ayuda a poder anticipar, prever, organizar y decidir sobre nuestros cursos de acción.

Sin una planificación, podemos caer en el error de actuar sin más, cuando lo importante no es solo llevar a cabo la opción que hayamos elegido sino que cumplamos el objetivo que nos hemos marcado, y planificándolo podemos llevar a cabo un seguimiento.

La planificación requiere indirectamente de un compromiso, nos comprometemos con nosotros mismos a realizar las tareas detalladas, en los tiempos marcados etc.; nos permite tener una idea del grado de avance o progreso hacia nuestro objetivo, y de si se está progresando o quizá tenemos que buscar otras alternativas; nos permite anticiparnos a determinados obstáculos que podamos encontrar.

En este paso, tratamos de dar respuesta a cuestiones del tipo:

"Entonces, ¿qué opción eliges?"
"¿Qué vas a hacer?"
"¿Cuándo lo vas a hacer?". (Cuanto más específico mejor, día, hora, lugar).
"¿Dónde lo vas a hacer?"
"¿Quién va a llevar a cabo cada acción?". (Quizá alguno de sus planes requiera de su ayuda, como que su hermano no le moleste cuando está estudiando, o de la ayuda de terceras personas).

En toda planificación es importantísimo prever los posibles obstáculos que podamos encontrar, por lo que también tendrán que responder a cuestiones como:

"¿Qué cosas te pueden impedir que realices tu plan?"
"¿Qué podrías hacer si eso se produjera?"
"¿Qué persona que no fueras tú, podría sabotear tu plan y hacer que no se cumpla?"
"¿Qué apoyo puedes necesitar?"

Y por último para finalizar, no olvide siempre hacer una de las preguntas más importantes:

"Este plan que has trazado, ¿te acerca a tu objetivo?"
"¿Preparado para hacerlo?". (Tiene que cerciorarse del compromiso por parte de su hijo).

Si no lo ve muy comprometido:

"¿Qué necesitarías para llevar a cabo tu plan, con seguridad?

EJEMPLO (continuación):

"Entonces, ¿qué es lo que vas a hacer? —*Voy a hacer unas reglas de juego y lo pondré en la habitación.*

¿Cuándo lo vas a hacer? —*Ahora mismo.*

¿Lo vas a hacer tú solo o necesitas ayuda? —*Yo solo.*

¿Quién necesitas que sepa las reglas? —*Lucía.*

¿Vas a contar con ella para hacerlas? —*No.*

En este caso, la mayoría de nosotros quizá piense que sería mucho mejor que lo hiciera con Lucía... pero debemos evitar decir nada ya que tiene que aprender a tomar sus propias decisiones y si no le sale como espera, aprenderá mejor con la experiencia. Aun así, podría hacer que se cuestione las dos opciones

¿Si quieres estudiamos las ventajas de hacer las reglas solo o con Lucía? —*¡No! Lo quiero hacer solo* (es su decisión, lo que él piensa que es la mejor opción, no es cabezonería y aprenderá realmente más de su propia experiencia, que cualquier explicación que se le dé).

¿Qué necesitas? —*Una cartulina y rotuladores*.

¿Lo tienes? —*Sí*.

¿Qué podría impedir que hicieras las reglas? —*Nada, lo voy a hacer ahora mismo*.

¿Dónde lo vas a hacer? —*En mi habitación*.

¿Crees que haciendo las normas conseguirás jugar con Lucía de forma tranquila, cada uno con sus juguetes? —*Sí, seguro que sí. Voy a hacerlo ahora y cuando lo termine hablaré con Lucía."*

Es posible que Lucía acepte las reglas de Sergio o puede ser que no lo haga, eso dependerá de Lucía pero lo cierto es que Sergio ha hecho algo para cambiar la situación que no le gusta. Si funciona, perfecto, Sergio se sentirá con más confianza en sí mismo, ya que el solo habrá resuelto su problema. Si Lucía no acepta las reglas, no pasa nada, habrá que ayudarle a analizar qué ha pasado y volver a aplicar los pasos, esta vez teniendo en cuenta lo aprendido de la experiencia anterior.

Una vez finalizado el proceso y trazado el plan podemos ayudar a nuestros hijos a través de distintos recordatorios a reforzar su plan, puede poner fotos, quizá una pulsera para recordarle su plan de acción, realizar un calendario, etc.

Es importante que efectúe un seguimiento de su plan de acción, no se trata de ir detrás de su hijo para que lo realice, si no de ver si lo hace, o no, qué tal lo está llevando, etc. Si no está realizando su plan de acción, es hora de analizar qué ocurre, cuáles son las dificultades que encuentra. Es posible que su hijo haya decidido hablar con alguien pero en el momento en que lo tiene que hacer se bloquea. En ese caso, aplicaríamos todo el proceso de nuevo pero para el objetivo de poder hablar tranquilo con "X", por ejemplo. El seguimiento se tiene que realizar desde el acompañamiento, apoyo y ayuda por nuestra parte. Recuerde su hijo está aprendiendo, y de la misma manera que no le gustaría que su profesor le presionara para que aprendiera una lección, tampoco debería presionarlo usted.

Es posible que aplicando este método se dé cuenta que su hijo tiene problemas a la hora de comunicarse en público, o de concentración, o que le resulta tremendamente difícil mantenerse sentado en la silla mientras estudia, etc. Alégrese, porque a partir de ahora tanto su hijo como usted podrán trabajar juntos para resolver cualquier tipo de problema.

Como he comentado antes, también es importante que su hijo entienda que es posible que su plan de acción no le lleve a conseguir su objetivo, sobre todo cuando, como vimos en el paso de fijar el objetivo, el objetivo fijado no depende de él. En ese caso, puede hacer dos cosas:

- Una, avisarlo en el paso de fijar el objetivo y preguntarle que si aun así está dispuesto a hacerlo. Aquí es importante que reforcemos al niño la idea de que, en la vida, nos encontramos diariamente con situaciones que, aunque no dependan del todo de nosotros, tenemos que intentar dar lo mejor de nosotros mismos porque lo alcancemos o no, nosotros lo habremos intentando.
- Dos, cambiar el objetivo a otro objetivo B, relacionado con el anterior pero que dependa de él, porque de ese modo, siempre podrá cumplir su objetivo.

Elegir uno u otro dependerá de su hijo, quizá a su hijo le motive más fijarse un objetivo que sepa que siempre podrá conseguir, o quizá le motive justamente el otro. En mi opinión, será mejor hacer una mezcla de los dos.

Esto sería algo como, si su hijo marca el objetivo de: "quiero que mi hermana me quiera más", la obtención de este objetivo no depende de su hijo, ya que quererlo más o menos dependerá de su hermana. Pero siguiendo el proceso, pueden llegar a que la opción elegida por su hijo sea "le llevaré el desayuno todas las mañanas y le daré un beso". Este es el plan de acción, pero lo puede convertir en su objetivo (objetivo B), si consideran que le motivará más a su hijo, ya que, llevarle el desayuno y darle un beso, dependerá totalmente de él, y lo cumplirá si se esfuerza en hacerlo.

Aunque fijen este objetivo B, luego analicen siempre cómo ese objetivo le acerca al objetivo inicial: "quiero que mi hermana me quiera más", porque quizá tengan que variarlo y fijar otro plan de acción u objetivo B distinto que le acerquen al objetivo inicial.

RESUMEN DEL PROCESO DE TOMA DE DECISIONES DE FORMA AUTÓNOMA:

1-TENGO UNA CUESTIÓN O SITUACIÓN A RESOLVER.

Emoción negativa = aviso de situación a resolver:

"¿Qué te está diciendo esa emoción?"

"¿De qué quiere que te des cuenta?"

"¿Qué situación quiere cambiar?"

"¿De qué cosa que no te gusta te está avisando?"

2-ESTABLEZCO MI OBJETIVO.

"¿Qué es lo que deseas?"

"¿Qué es lo que realmente quieres?"

"¿Qué te gustaría que ocurriera?"

"¿Qué quieres cambiar? ¿Cómo te gustaría que fuera?"

Recuerde el objetivo tiene que ser:

POSITIVO (¿Qué quieres conseguir? saber a dónde quiere llegar, no de qué quiere huir).

ESPECÍFICO (Concretando al milímetro, ¿qué quiere conseguir realmente?).

FIJAR UN TIEMPO (¿Cuándo quieres alcanzar tu objetivo?).

REALISTA (¿Es realista y alcanzable lo que se propone?).

ECOLOGICO (¿Es inofensivo lo que quieres? ¿Cómo afecta a tu entorno?).

3-GENERO OPCIONES.

"Y para llegar a tu objetivo, ¿qué podrías hacer?"

"Y para conseguir lo que quieres, ¿qué harías?"

"¿Qué ideas se te ocurren para conseguir tu objetivo?"

"Si tuvieras una varita mágica, ¿qué harías con ella para poder conseguir tu meta?"

Si sus hijos se quedan en blanco, podemos ayudarles diciéndoles:

"¿Te gustaría alguna sugerencia por si te puede servir?". (Recuerde, su sugerencia puede no ser la que más le guste a su hijo, no olvide respetarlo).

4-ANALIZO MIS OPCIONES.

"¿Qué puede ocurrir si hicieras 'opción X'?"

"¿Cómo te sentirías tú? ¿Cómo se podría sentir la tercera persona, o incluso usted como madre o padre? "

En definitiva analizar las consecuencias.

5-TRAZO MI PLAN.

"Entonces, ¿qué opción eliges?"

"¿Qué vas a hacer?"

"¿Cuándo lo vas a hacer?". (Cuánto más específico mejor, día, hora, lugar).

"¿Dónde lo vas a hacer?"

"¿Quién va a llevar a cabo cada acción?"

Preveo los posibles obstáculos:

"¿Qué cosas te pueden impedir que realices tu plan?"

"¿Qué podrías hacer si eso se produjera?"

"¿Qué persona que no fueras tú, podría sabotear tu plan y hacer que no se cumpla?"

"¿Qué apoyo puedes necesitar?"

"Este plan que has trazado, ¿te acerca a tu objetivo?"

"¿Preparado para hacerlo?"

Si no lo ve muy comprometido:

"¿Qué necesitarías para llevar a cabo tu plan, con seguridad?

Aplicar este proceso de toma de decisiones o resolución de problemas, ofrece a sus hijos la posibilidad de aprender a analizar las situaciones que se encuentran en su vida, de prever las distintas consecuencias de sus acciones, tomando conciencia de que cada acción puede producir consecuencias diferentes. Fomenta su capacidad de pensar antes de actuar, y sobre todo su autonomía.

Aunque algunos pasos puedan requerir de su ayuda, en todo momento será el niño el que decida qué acción o acciones realizar, por lo que aumentará su autoestima, le permitirá darse cuenta de sus progresos o de que a veces, algo no sale como pensábamos pero podemos cambiar nuestra forma de actuar, cambiando con ello los resultados. Acuérdese, equivocarse es bueno, si algo no sale bien, aprendemos de la situación y buscamos otras opciones para conseguirlo.

Todo este proceso requiere práctica, pero poco a poco verá como su hijo lo convierte en algo automático, inconsciente, y que aplicará ante cualquier situación que requiera realizar una acción.

Sin duda, se trata de una aptitud que hoy en día está muy demandada por las empresas y que puede enseñarles a sus hijos. Poco a poco, empezará a formar parte de su toma de decisiones, tanto en la infancia como en su edad adulta, porque el proceso seguirá siendo el mismo, lo único que cambiará serán las situaciones que encuentre en su vida y que requieran de su acción.

Es básico que inculquemos este proceso a los niños desde pequeños, porque es una forma de enseñarles a tomar conciencia de la importancia de responsabilizarnos de lo que nos ocurre en nuestras vidas y, que aprendan a que en todas las situaciones, ellos pueden hacer algo para cambiarla no dejando en manos de las circunstancias su destino.

En la actualidad, la gran mayoría de gente está enfocada, en lo que llamamos en coaching, su "Círculo de Preocupación", constantemente ponemos excusas para no cambiar las situaciones que no nos gustan y dejarlas sin resolver. Solemos centrarnos en nuestros problemas y no en las posibles soluciones que podemos llevar a cabo, por lo que perdemos muchísima energía en quejarnos de nuestras circunstancias, en lo que no nos gusta, en lo que nos gustaría cambiar pero apenas empleamos nuestra energía en actuar para cambiar las cosas.

El mayor problema de centrarse en el Círculo de Preocupación, y buscar excusas y culpas en terceras personas, en las circunstancias o incluso en la mala suerte es que terminas sintiéndote impotente y privado del control de tu propia vida, algo que en la actualidad, es nuestro pan de cada día.

Enseñando a nuestros hijos a aplicar en su vida este proceso de toma de decisiones, les estamos enseñando al mismo tiempo a centrarse en su "Círculo de Influencia", donde se encuentran los temas que son importantes para ellos y sobre los que en vez de, tan solo, preocuparse y dejar que ocurran, actuarán para resolverlos.

Serán ellos los que manejen las riendas de su vida, y no dejarán que sean las circunstancias las que dicten lo que tiene que ocurrir.

Nuestros hijos aprenderán que no importa tanto cómo salgan las cosas, lo importante es que están poniendo su energía en que salgan como ellos quieren, no dejando depender su vida de las circunstancias, de las cosas que ocurren aunque a veces sea cierto que son ajenas a ellos.

Las cosas les saldrán mejor o peor, muchas veces nuestros objetivos no dependen de nosotros, pero sea como sea, ellos habrán hecho todo lo que está en sus manos para conseguir lo que quieren. Serán ellos quienes construyan sus vidas.

Los Círculos de Preocupación, que en la actualidad son bastante amplios para muchos de nosotros, se reducirán aplicando este proceso a cualquier situación, problema, toma de decisión, etc., que se encuentre en su vida. Porque las preocupaciones dejarán de ser tal, y pasarán a ser asuntos en los que trabajar sin malgastar energía.

Centrarse en el Círculo de Preocupación es tirar nuestra energía a la basura, si no nos ocupamos de nuestras preocupaciones, rara vez cambiará nuestra situación. Para cambiar tenemos que actuar.

Olvidarse de nuestras preocupaciones es imposible; como no hacerle caso a nuestras emociones, no es nada sano, ni efectivo. Lo que intento decir es que las escuche, escuche lo que le intentan decir a usted y a su hijo, y no malgaste su tiempo y energía en dejarlas que se hagan cada vez más grandes. Gaste su energía en ocuparse de ellas y en ver qué pueden hacer, para cambiar la situación.

Por pequeño que sea lo que podamos hacer, siempre está en nuestra mano hacer algo. Comprobará que cuando se centra en su Círculo de Influencia, su Círculo de Preocupación se irá reduciendo, y tendrá la sensación que posee un mayor control de su vida.

Poniendo en práctica este proceso de toma de decisiones, puede enseñar a sus hijos a reducir su Círculo de Preocupación desde pequeños, enseñándoles una aptitud y herramienta muy valiosa que usarán durante toda su vida y les servirá para tomar en todo momento las riendas y el control de su vida, no dejando su vida en manos de las circunstancias y no resignándose a lo que les ha tocado vivir.

CAPÍTULO 5
PLAN DE EDUCACIÓN PARA FOMENTAR LA INTELIGENCIA EMOCIONAL

Muchas personas tienen asociado el término de planificación y control al concepto de pérdida de libertad. Nada más lejos de la realidad.

Planificar, lleva implícito, cambios, ajustes y modificaciones, que le permiten libertad de acción. Lo que realmente se consigue con la planificación es no dejar sus objetivos y metas en mano de las circunstancias o el azar. Seguirá teniendo libertad de acción y decisión pero esta vez de forma consciente, no dejándose llevar por las circunstancias, sino por sus propias decisiones.

Fijar un objetivo no significa centrarse obsesivamente en él y que su vida, la educación de sus hijos o su trabajo se conviertan en una obsesión por conseguir y alcanzar ese objetivo. Se trata de marcar una meta para que sus decisiones y acciones en el presente vayan encaminadas a conseguir su objetivo, su meta o su deseo en el futuro. Se trata de marcar un destino, pero no olvide disfrutar de los pasos que recorre para llegar a él. No olvide disfrutar del camino.

La planificación ayuda a fijar de manera específica los resultados que deseamos alcanzar y nos ayuda a determinar las medidas necesarias para llegar al destino deseado. No consiste en pensar en decisiones o acciones que vayamos a realizar en el futuro, consiste en pensar en el futuro de nuestras decisiones o acciones presentes.

¿Dónde le llevan las decisiones o acciones que está realizando hoy? Si no le están acercando al futuro que usted desea, pregúntese: ¿qué debería hacer?

El proceso de planificación proporciona la información necesaria para permitirnos tomar decisiones eficaces y concretas; y corregir las posibles desviaciones o dificultades, posibilitando con mayor probabilidad que usted alcance su objetivo marcado.

Sin duda alguna, la planificación aumenta las posibilidades de éxito, de conseguir los propósitos y objetivos que nos marcamos. Identificaremos de manera específica aquello que necesitamos que ocurra para conseguir lo que queremos, pero también trataremos de prever aquello que puede hacernos no cumplir el objetivo deseado, anticipándonos a ello y buscando soluciones.

No tener una planificación es como ir en un barco a la deriva, serán las olas (las circunstancias) las que nos dirijan en el camino. Sin planificación, la dirección o el rumbo que usted tome no dependerán tanto de usted, como de las mareas (de las circunstancias). Son estas las que dirigirán su destino.

La gran mayoría de nosotros nos sentamos días, incluso semanas a planificar las vacaciones, o la boda, o una excursión, o incluso la lista de la compra (esto quizá lo hacemos en 15 minutos) y, sin embargo, nos puede parecer raro e incluso innecesario, planificar la educación de nuestros hijos.

Considerando que la gran mayoría de nosotros alguna vez ha planificado sus vacaciones o el día de su boda, o cualquier otro acontecimiento, les voy a sugerir una pequeña reflexión:

¿Para qué planificó sus vacaciones, boda...? ¿Qué tiene en cuenta a la hora de planificarlas? ¿Se asegura de tener cubiertas varias opciones (que haga calor, que pueda llover, que nieve) o deja que sea el destino el que decida y ya verá lo que hace en ese momento?

Habrá circunstancias que no podamos prever, pero cuando planificamos nuestras vacaciones, boda... intentamos planificar varias situaciones o escenarios posibles para que las cosas salgan como queremos que salgan o al menos de la mejor forma posible. Incluso dedicamos horas a cuadrar las mesas para que todos los invitados se sientan cómodos y haya un ambiente agradable en la cena.

Le invito a considerar sus vacaciones, o su boda, u otro acontecimiento que haya planificado alguna vez, como una metáfora para trabajar en la planificación de la Educación de sus hijos.

Se trata de fijar lo que quiere conseguir, su objetivo, su deseo, su meta; partiendo de su realidad, buscar opciones, estudiar distintos escenarios y situaciones y estar preparados para cuantas más circunstancias mejor, para que el resultado de su planificación sea el éxito y logro de su objetivo.

Aplicar el método para desarrollar la Inteligencia Emocional de sus hijos, no es algo que vaya a realizar en un par de días. Es un proceso que deberá desarrollar y aplicar durante la etapa de crecimiento de sus hijos. Es como aprender a leer o aprender un idioma, no se puede aprender en un par de semanas o un mes, es un proceso que requiere constancia y tiempo. Tómeselo con paciencia, y vaya introduciendo, poco a poco y a su ritmo, los pasos que se detallan en el libro. Usted mejor que nadie conoce a sus hijos, sus circunstancias familiares, su tiempo y sus preferencias. Así que nadie mejor que usted para organizarse.

Una vez haya leído el libro y teniendo la idea general de en qué consiste el proceso para desarrollar la inteligencia emocional de sus hijos, es hora de realizar el Plan de Educación.

Se trata de realizar un Plan de Educación como el que los distintos docentes preparan para conseguir los objetivos que se marcan en sus materias a impartir. Hasta que nuestro sistema educativo introduzca la Inteligencia Emocional como objetivo educativo, tendremos que ser los padres los que llevemos a cabo la educación de nuestros hijos en esta materia, por lo que como cualquier docente hace para preparar el contenido, programa, objetivos y materia que dan durante el curso, nosotros haremos lo mismo con nuestro Plan de Educación para fomentar la inteligencia emocional de nuestros hijos.

Recuerde los pasos y objetivos:

- Los principios.
- Vocabulario Emocional.
- Señales físicas y circunstanciales.
- Evitar el secuestro emocional.
- Tomar decisiones de forma autónoma.

Incluya estos pasos poco a poco en la educación de sus hijos, márquese fechas realistas en su Plan de Educación. Cuando considere que sus hijos han adquirido un vocabulario emocional, para detectar sus emociones más habituales, puede ser interesante añadir otro paso, detectar señales. Y una vez que hayamos ayudado a nuestros hijos a detectar señales, podremos pasar al siguiente paso, evitar el Secuestro Emocional…

EMPIECE A TRABAJAR EN SU PLAN DE EDUCACIÓN:

Anote su plan, hágalo por escrito.

1. CÓMO VA A APLICAR LOS PRINCIPIOS.

¿Qué le han parecido los principios? ¿Está de acuerdo con ellos? ¿En que no está de acuerdo? ¿Qué modificaría para poder adaptarlo a su realidad y poder en la medida de sus posibilidades y valores familiares aplicarlo?

Partiendo de esos principios tan importantes para que los niños se sientan libres y seguros a la hora de expresar sus emociones (algo básico para poder desarrollar su inteligencia emocional), adáptelos a su vida, a su forma de educar, ¿cómo lo haría usted para poder aplicar estos principios en su día a día?

Recuerde que puede modificarlo adaptándolos a su realidad. Si precisa adaptarlos, redáctelo por escrito: ¿cómo podría hacer para que sus hijos se sientan realmente seguros y libres para expresar sus emociones?

Es posible que los principios le parezcan totalmente correctos pero no cree que pueda realizarlo porque la realidad de su hogar difiere en estos momentos mucho de lo que se refleja en estos principios. Si este es su caso:

¿Qué es lo que necesitaría para poder aplicar estos principios?

A modo de ejemplo puede que una posible respuesta sea: "no perder los nervios" pues siga preguntándose "¿y qué necesita para no perder los nervios?" quizá sea respirar y contar hasta diez ante un conflicto; quizá se dé cuenta que eso tampoco funciona y decida que ante un conflicto le va a decir a sus hijos que hasta que no se calmen, no acudirá usted porque si no también se pondrá usted nervioso/a, terminará enfadándose mucho (secuestro emocional) y no quiere que ocurra eso. Si se diera esta situación intente no hablarles en tono amenazador, solo exprese lo que siente. Recuerde que es bueno que sus hijos vean que todos tenemos emociones, expréselas abiertamente tanto las positivas como las negativas. Ellos no pueden evitar que aparezcan las emociones pero usted tampoco, solo tiene que aprender a gestionarlas de modo positivo y usted ahora mismo lo estaría haciendo.

Sea como sea, no lo dé por perdido, pregúntese ¿qué necesita para poder aplicar estos principios en su día a día? y anótelo. Pruebe cosas nuevas, y vuelva a anotarlas.

Recuerde los principios: los cambios de hábitos son costosos y equivocarse es bueno, aprenda de sus errores. Si no ha podido aplicar los principios, desde la calma, fuera de cualquier situación de estrés pregúntese: ¿Qué podría haber hecho para aplicarlo?, si cree que podría haberlo hecho mejor coméntéselo a sus hijos, les ayudará a aprender que todo el mundo puede equivocarse.

Poco a poco y sin darse cuenta, irá tomando el control y lo aplicará de manera automática. Puede autoaplicarse las técnicas del libro, le resultará de mucha ayuda y más sencillo realizarlo después con sus hijos.

No es necesario que domine los principios y lo aplique a la perfección, pero sí que empiece a aplicarlos de manera consciente y constante.

2. DEFINA CÓMO VA AMPLIAR EL VOCABULARIO EMOCIONAL DE SUS HIJOS.

¿Le leerá todos los días dos o tres emociones? ¿Lo hará solo una vez a la semana? ¿Dos? ¿En vez de leerlo prefiere preparar unos juegos con ellos?. Puede incluso inventarse cuentos cortos para cada emoción y contárselo por las noches.

¿Cómo lo hará? ¿Cuándo lo hará?

En definitiva marque cómo lo va a hacer, cuántos días a la semana, a qué hora lo hará, quiénes participaran en ello, de la misma manera que tiene marcadas las clases de inglés, de matemáticas, extraescolares…

Es importante no tener presión en cuanto a conseguir que aprendan las emociones rápidamente, acuérdese se trata de un proceso de aprendizaje similar al de aprender a leer o, en este caso concreto, aprender un idioma, han de ser constantes pero no tener prisa.

También es muy importante tener presente que la edad de sus hijos marca un factor a tener muy en cuenta a la hora de aplicar el método y deben adaptarlo a ellos. Si se preguntan desde qué edad aplicar el método con su hijo, mi respuesta es desde el momento en que nacen, incluso en su gestación.

Exprésele sus emociones, utilizando el vocabulario emocional, y realicen ustedes los pasos que les describo en cada capítulo, siendo así ejemplos para sus hijos, y cada vez que lo lleven a cabo, háganlo en voz alta para que vean el proceso que sigue. Si lo hace así desde que nace, no será necesario aplicar el método porque lo habrán aprendido de manera inconsciente a través de la imitación y le parecerá una aptitud innata en su hijo pero no es así, lo aprendieron de imitarle a usted.

Si sus hijos son más mayores, tres, cuatro o dieciséis años adáptelo a su edad, en este paso solo tiene que planificar cómo ampliar el vocabulario de su hijo, pero tiene que planificarlo, sobre todo si el vocabulario emocional no se utiliza en su familia de forma habitual.

Si se encuentra en la misma situación que la gran mayoría de nuestra sociedad, en la que con toda la buena intención del mundo, nos enseñaron a controlar y no mostrar nuestras emociones, no dude en planificar cómo trabajar también con sus hijos, sus propias emociones.

En todo momento mi consejo es que además de trabajar las emociones de forma consciente con sus hijos, sírvales de ejemplo. Los niños sobre todo aprenden por imitación. Les será mucho más fácil y rápido, aprender. Si lo comparáramos con estudiar un idioma, sería como ir a una academia durante dos años o irse tres meses a estudiarlo al país de origen. La fuerza con la que se aprende no tiene nada que ver.

3. AYUDARLE A DETECTAR LAS SEÑALES QUE EXPERIMENTAN ANTE SUS SECUESTROS EMOCIONALES O ANTE LAS EMOCIONES QUE ELLOS O USTED QUIERAN TRABAJAR.

Acuérdese, que este paso del método solo trata de identificar las señales tanto físicas como circunstanciales que aparecen y existen cuando surgen las emociones que queremos trabajar.

¿Cómo lo va a hacer? ¿Cómo va a ayudar a su hijo a detectar esas señales? ¿Les hará fotos a sus hijos sin que se den apenas cuenta para que luego desde la tranquilidad se puedan observar? ¿Les hará de espejo y los imitará (desde la ayuda, nunca desde la burla) para que se vean reflejados en usted? ¿Creará una lista con las preguntas del capítulo dos para tener a mano en su casa y rellenar una vez que haya pasado el secuestro emocional o la emoción que quieran trabajar? ¿Cuándo prevé que empezará?

Piense cómo lo va a llevar cabo, cómo lo va a aplicar en la realidad de su día a día. Prevéalo con anterioridad, cuando tenga listo todo lo que crea que necesitará, aplique el paso de identificación de señales. Quizá al principio de empezar a realizar las identificaciones de señales, no sean capaces de detectarlas de forma rápida, es normal. Poco a poco al ir prestándole atención a las señales asociadas a una determinada emoción, las detectarán de forma más clara.

4. ENSEÑARLE HERRAMIENTAS PARA EVITAR LOS SECUESTROS EMOCIONALES.

¿Qué va a hacer usted o sus hijos ante las señales donde detecta que se producen secuestros emocionales? ¿Qué herramienta ha probado ya? ¿Le funciona? ¿Qué herramienta les va a enseñar? ¿Dónde las va a buscar (libros, Internet…)? ¿Cuál cree que se puede adaptar mejor a sus hijos? ¿Cree que es posible que otra le funcione mejor?

Aplique distintas herramientas hasta comprobar cuál le puede funcionar mejor. Anote cuáles ha utilizado, cómo se ha sentido y si le han funcionado o no.

Cuando hayan encontrado y aprendido una o varias herramientas útiles y eficaces, para provocar un "cortocircuito" del sistema límbico y evitar de esa manera el secuestro emocional, su hijo estará preparado, ante cualquier conflicto, para tomar decisiones de forma autónoma. Hasta entonces, trabájenlo de forma conjunta.

5. TOMAR DECISIONES DE FORMA AUTÓNOMA.

Tenga en cuenta que el paso de la toma de decisiones se puede aprender antes y durante los pasos anteriores, pero comience a aplicarlo, fuera de la emoción, siempre cuando sus hijos y usted estén calmados, nunca en pleno conflicto, **esto es importantísimo que lo tengan en cuenta.** No empiece a aplicar el método con sus hijos en pleno conflicto. Enséñeles esta herramienta y todos los pasos del método cuando sus hijos estén calmados. Cuando ellos y usted dominen todos los pasos, podrán aplicar el método fácilmente ante cualquier situación de estrés, pero antes difícilmente lo harán. Si deciden hacerlo, solo les pido que no se frustren, lo normal será que no consigan aplicar el método si sus hijos no están habituados a él.

Este paso puede enseñárselo a sus hijos, cuando usted considere oportuno. La razón de ponerlo a continuación de que sus hijos encuentren una herramienta que les funcione para evitar el secuestro emocional, es solo porque ante una emoción, si hay secuestro emocional, no habrá ninguna herramienta, proceso o paso que le ayude a pensar ni tomar ninguna decisión de forma autónoma, porque el secuestro emocional, no le dejará pensar.

¿Cuándo lo hará? ¿El mismo día cuando no haya rastro del conflicto y la situación esté en calma, otro día?

¿Necesitará una guía con las preguntas y los pasos a seguir?

¿Usará el libro directamente o lo anotará en una libreta?...

Puede enseñarle a sus hijos a usar esta herramienta a la vez que amplían su vocabulario emocional, así, más tarde, una vez que aprendan a realizarse cortocircuitos en la amígdala, ya podrán aplicar esta herramienta de forma autónoma, porque la habrán interiorizado con anterioridad.

Haga simulaciones con ellos, después de haber reaccionado de forma negativa ante determinadas situaciones, aplique con ellos estos pasos, cuando estén calmados, y puedan ser capaces de pensar de forma positiva.

CAPÍTULO 6
ESTABLECER LÍMITES CLAROS

¿Qué es un límite?

Entre una de las muchas definiciones que nos podemos encontrar un límite es un punto o línea que señala el fin de algo; suele indicar un punto que no debe o no puede sobrepasarse.

Educar a los niños para fomentar su inteligencia emocional y promover e impulsar su propia autonomía como individuos, no está reñido con el establecimiento de límites y reglas que se deben cumplir en el hogar y fuera de él. Educar en Inteligencia Emocional no significa que dejemos que nuestros hijos hagan en todo momento lo que les plazca. El cumplimiento de normas y límites y el desarrollo de la Inteligencia Emocional son dos aspectos totalmente compatibles.

Los límites son normas que establecen un orden de funcionamiento y ayudan al niño a adaptarse y convivir en la familia y la sociedad, en general. En cierto modo, los límites claros y constantes, es decir, que no cambian aleatoriamente, proporcionan seguridad al niño, porque sabe qué puede y no puede hacer. Si variamos estos límites dependiendo de las situaciones, dejan de proporcionar ese tipo de seguridad al niño.

Los niños necesitan conocer dónde están los límites que su familia establece, y no se pueden sobrepasar. Estos límites les ayudarán a actuar y tomar decisiones en cada situación.

Es fundamental que al establecer los límites, nos enfoquemos a limitar conductas, comportamientos pero nunca limitemos los sentimientos que acompañan a esas conductas. Establezca límites pidiendo que no haga alguna determinada cosa, pero no le pida que no sienta algo o que no exprese una determinada emoción.

Cuando detecte una situación problemática sea claro y directo con lo que desea expresarle al niño, los sermones son muy poco efectivos, no solo para los niños, a los adultos tampoco nos gustan que nos sermoneen con lo que seguramente, se encontrará con que para evadirse de una situación que no les gusta, dejen de escucharle y prestarle atención, por lo que será mucho más efectivo que de manera firme aunque tranquila establezca el límite en esa situación de la manera más clara posible.

De vez en cuando, deberíamos realizarnos autocrítica. ¿Verdad que a veces reñimos a nuestros hijos porque nuestro estado de ánimo no es el más positivo que podemos tener? Es importante que a la hora de establecer límites estos sean claros, que no varíen en función de nuestro estado de ánimo o del día que hayamos tenido, para ello tendremos que dedicar algo de tiempo a autoanalizarnos y reflexionar al respecto. Muchas veces somos los mismos padres los que transmitimos nuestras propias tensiones a nuestros hijos, y un día marcamos como no válidas situaciones, que otro día no nos importa lo más mínimo que se den.

Si usted se ha encontrado en algún momento en una situación como esta, mi consejo es que no marque límites a esa conducta que puedan tener sus hijos, porque el problema no está tanto en el comportamiento de ellos como en el estado anímico en el que usted se encuentra. Haga acopio del método para desarrollar la inteligencia emocional, y autoaplíqueselo sirviendo de ejemplo a sus hijos. En esas situaciones, en las que todo el mundo nos encontramos alguna vez, hágaselo saber a sus hijos: "Hoy he tenido un día bastante tenso, por lo que necesito que hoy estéis más tranquilos o que hagamos ejercicios de relajación, o que me dejéis descansar (dígales lo que ocurre y necesita)... si no es fácil que explote y en la situación más normal del mundo termine chillándoos muy enfadado/a (secuestro emocional) cuando quizá no hayáis hecho nada grave, así que os pido...".

Si usted no ha empezado a aplicar el método con sus hijos quizá no reaccionen ante una petición así, pero en cuanto empiece a aplicar el método quizá sus hijos le sorprendan dándole consejos de lo que puede hacer y cuidando de usted.

Por tanto, analice las situaciones que suelen darse en su casa, tomando conciencia de cuáles son los límites reales que no se pueden rebasar nunca y cuáles solo aplicamos determinadas veces. Cuando encuentre límites que a veces permite que sobrepasen sus hijos y otras veces no, párese y determine qué le lleva a actuar así:

¿Son razones objetivas que usted tiene establecidas?

Por ejemplo, entre semana se acuestan a las 21:00 pero los fines de semana no tienen horario porque no tienen que madrugar al día siguiente. Es una razón objetiva. Si no tienen horario para acostarse y cuando usted está cansado les obliga a acostarse a las 21:00, no es una razón objetiva, depende de su estado físico o de ánimo por lo que no puede establecerlo como límite ya que los niños no sabrán nunca cuándo han o no han de cumplirlo.

Como he comentado antes, exprese cómo se siente y qué necesita para no perder el control y verse envuelto en una situación donde aparezca un secuestro emocional en usted. A parte de servirles de ejemplo para expresar cómo se sienten y sus necesidades les ayudarán a fomentar la empatía, haciendo que sus hijos se pongan en su lugar.

Es importante proveerles de reglas y límites claros y objetivos que no dependan de los estados de ánimo en los que nos encontremos un día y también es importante que si nuestros hijos rebasan los límites que hemos establecido, siempre tengan consecuencias. Estas consecuencias no deberían ser modificadas una vez que se hayan comunicado.

¿Cómo conduciría usted si la policía le multara en relación a su estado de ánimo y no a la velocidad a la que circula?, ¿cómo actuaría y reaccionaría si un día le dejaran circular a 130Km/h y al día siguiente le pusieran una multa por circular a la misma velocidad, y así todos los días de forma aleatoria? Seguramente protestaría porque le parecería algo injusto al no ser un límite claro y objetivo.

Es importante que a la hora de poner límites y aplicar las consecuencias de sobrepasarlos, nosotros como adultos no nos encontremos inmersos en un secuestro emocional, por lo que nos vendrá muy bien aplicarnos el método, para poder cortocircuitarnos nuestro propio sistema límbico.

Nuestro tono de voz, el uso de las manos, los gestos y las acciones deben ser firmes pero tranquilos. Esto puede contribuir a controlar el problema. El grado de autocontrol de nuestros hijos dependerá, en gran medida, de la actitud de nosotros como padres. Si su hijo aprende que cuando los papás dicen no, la decisión es inamovible, será mucho más fácil que respete ese límite, que si varia en su respuesta, porque su hijo intentará todas las estrategias que se le ocurran para obtener aquello que desea.

Es importante que las normas además de claras y bien definidas, sean adecuadas para cada niño y edad, no pidiéndoles cosas que no pueden hacer. Es importante establecer diferencias entre edades, es lógico que no tenga las mismas normas su hijo de tres años que su hijo de ocho, pero lleve cuidado con las diferencias, sea objetivo, y no cargue al mayor de reglas y límites y al pequeño de prioridades, porque sería injusto.

También es importante a la hora de fijar límites y reglas a los niños que nosotros mismos seamos coherentes con lo que estamos pidiendo. Si nosotros no servimos de ejemplo, difícilmente van a respetar el límite. Si le dice a su hijo que tiene que recoger los juguetes, mientras es usted el que los recoge, el mensaje real que le llega a su hijo será: "tienes que recoger tus juguetes, pero si no lo haces no importa porque ya te los recojo yo", por lo que su hijo no los recogerá.

El sobrepasar los límites, tendrá que llevar asociadas consecuencias, que no tienen por qué ser de carácter desproporcionado pero sí han de ser firmes. Una vez le haya explicado a su hijo qué consecuencia tendría sobrepasar el límite, no debería modificarla, aplíquela tal como se la ha comunicado. Por eso es muy importante que comunique a sus hijos consecuencias que luego usted pueda y quiera cumplir.

Las amenazas no son efectivas. Es más efectiva una consecuencia pequeña cumplida que una gran amenaza que al final no va a cumplir. Las amenazas terminarán restándole credibilidad a medida que no las va cumpliendo, con lo que su hijo terminará haciendo lo que considere, sin tener en cuenta sus normas porque no esperará que la consecuencia se lleve a cabo. Piense en las consecuencias con calma y tranquilidad para luego comunicárselas y aplicarlas a su hijo de la misma manera.

Ante la aplicación de las consecuencias, será raro que su hijo las acepte sin más, por lo que será normal que surjan situaciones intensas, de no aceptación. Lo ideal ante estas situaciones es que su actitud sea desde la calma, firme pero tranquila.

Es importantísimo que reforcemos de manera positiva el cumplimiento de las normas, en general el comportamiento positivo de nuestros hijos, ya no con premios pero si con frases del tipo: "Muy bien", "genial así"... prestando atención sobre los comportamientos positivos y no sobre los negativos. Acuérdese de focalizarse en lo que quieren y no en aquello que no quieren, de lo que huyen. A todos nos gusta que se nos reconozca el trabajo bien hecho.

Resumiendo, defina los límites de su hogar y las consecuencias de no cumplirlos de la manera más clara y concisa para que sus hijos no tengan ninguna duda de lo que tienen que hacer. Acuérdese de definir límites objetivos que no dependan de su estado emocional. Y tampoco olvide que son niños y un exceso de normas quizá no le permita la libertad suficiente para desarrollarse y crecer de manera adecuada. Pidiéndole a un niño que permanezca sentado y callado toda una tarde, no beneficiará en nada a su desarrollo.

CAPÍTULO 7

LA IMPORTANCIA DE UN PROYECTO FAMILIAR

Este libro, como ya sabe, trata de cómo desarrollar la inteligencia emocional de sus hijos. Este aspecto entraría dentro de su plan de Educación, sería un subobjetivo o meta a conseguir dentro la educación de sus hijos, de su Proyecto de Familia.

Si quieren conseguir el éxito en la educación de sus hijos o en cualquier proyecto que se planteen en su vida, la primera inversión que tiene que realizar para que su proyecto sea un éxito es dedicar el tiempo necesario a realizar una buena planificación. Si no tenemos claro hacia dónde queremos ir, difícilmente podremos llegar a donde verdaderamente queremos. La planificación será su guía, le indicará si va en la dirección correcta o quizá se está desviando.

Existe una relación muy directa entre la claridad de las metas que nos marcamos y el éxito de conseguirlas. Puede encontrar cientos de artículos sobre ello.

"La principal causa por la que la gente no consigue sus metas es que no sabe lo que quiere". (T. Harv Ecker)

Hay una evidencia científica en todo esto. Aunque no voy a entrar en tecnicismos, lo explicaré por encima:

El cerebro humano es el órgano encargado de buscar soluciones, busca y encuentra soluciones cuando tiene una meta clara, detallada, concreta y específica. Cuando marcamos nuestros objetivos de esta manera, en nuestro cerebro se pone en funcionamiento lo que se llama el Sistema de Activación Reticular (SAR). El SAR se encarga, entre otras cosas, de filtrar la información que recibimos del exterior. Dicen que nuestro cerebro procesa 400.000 millones de bits de información por segundo pero solo nos hace conscientes de 2.000 bits, es decir, un 0,0000005%. El SAR nos hace conscientes tan solo de aquella parte que considera útil para alcanzar nuestros objetivos y asegurar nuestra supervivencia. El SAR encuentra recursos para lograr aquellos fines que buscamos.

Para nuestro cerebro, que nosotros tengamos un objetivo bien definido, es luz, claridad y fuerza. Le estamos ayudando a concentrar sus esfuerzos hacia un fin concreto, facilitándole la labor de encontrar soluciones. Si no nos fijamos objetivos, no le damos un mapa concreto a nuestro cerebro y se encontrará muchas veces como nosotros, sin saber por dónde ir.

Esta es una de las razones por las que es tan importante fijarse metas de forma positiva. Si lo hacemos de forma negativa, "no quiero X". Estamos siendo claros, concretos y específicos también con nuestro cerebro y este actúa en consecuencia. La información que le estamos dando al cerebro es: Eso que no quiero, "X", cuando lo encuentres, ¡huye!... ¿Y qué hace nuestro cerebro? ¡Buscar lo que no queremos para huir! Hace justo lo que le pedimos y lo encuentra, entre los 400.000 millones de bits de información que puede captar de la realidad nuestro cerebro se focalizará en encontrar "X" para llevar a nuestra consciencia aquello que le hemos ordenado que encuentre, haciendo que podamos conseguir lo que hemos deseado, huir.

En nuestra sociedad, la gran mayoría de personas saben lo que no quieren, pero no saben concretar lo que realmente quieren. Una de las razones de escribir este libro es cambiar esa realidad y transmitir mis conocimientos para que nuestra sociedad empiece a definir su camino, consiguiendo que cada vez más personas se centren en lo que verdaderamente quieren y desean.

Pero ojo, cuando hablamos de definir lo que queremos, no nos referimos a lo que deberíamos conseguir porque está bien visto, sino a lo que verdaderamente deseamos.

Muchas veces podemos pensar que en cierto modo estamos llevando una planificación en la educación de nuestros hijos porque de algún modo proyectamos el futuro de nuestros hijos, queremos que sean médicos, o aprendan idiomas, que hagan deporte, etc., fijando unas posibles metas, que quizá sus hijos luego no quieran llevar a cabo y decidan hacer cosas, totalmente diferentes.

En el caso de la educación de sus hijos, la planificación no reside tanto en identificar qué queremos que sean nuestros hijos en el futuro (eso es una decisión que deberían tomar ellos, si queremos que sean felices) sino en identificar qué podemos enseñarles e inculcarles en el presente, en el día a día, que les sea de provecho en el futuro. Se trata más de identificar en qué aptitudes y competencias queremos educar a nuestros hijos.

En la gran mayoría de familias, no existe un proyecto de educación o familia, y la educación que les damos a nuestros hijos se basa en darles la mayor formación académica, incluyendo idiomas, porque lo consideramos importantísimo para su futuro; en inculcarles modales; en resolver los "problemas" que nos vamos encontrando en el día a día y por supuesto en darles todo el cariño del mundo el tiempo que nos queda para ello (después de haber resuelto todas las obligaciones anteriores, las del trabajo, las del hogar y las de nuestro propio día). Este básicamente es el esquema de educación que se realiza cuando no hay una planificación, cuando no fijamos una meta y un proyecto.

Deberíamos educar para que el futuro que queremos para nuestros hijos sea una realidad. Mi pregunta es ¿cuál es el futuro que quiere para sus hijos? Muchos se quedarán parados ante esta pregunta y no sabrán qué responder, pero al final todos terminaremos en la misma respuesta, educarlos, de la manera que cada uno considere mejor, para que puedan ser felices en su edad adulta.

Algo que nos preocupa mucho a los padres del futuro de nuestros hijos, es su vida laboral, por eso muchos de nosotros consideramos muy importante que saquen buenas notas, que estudien, que aprendan idiomas, etc. Como comenté en la introducción del libro, en el actual y futuro mercado laboral que les espera a nuestros hijos, no les bastará únicamente con tener una formación académica impecable. De hecho, las empresas se están fijando cada vez más en las aptitudes personales que en la formación y experiencia de las personas que quieren contratar, ya que la formación y experiencia son más fáciles de ofrecérselas al trabajador que las aptitudes. Con aptitudes, no me refiero a modales sino a las capacidades y recursos de la persona.

Esas aptitudes se desarrollan en la infancia, no es algo innato. Y si planifica la enseñanza de esas capacidades dentro de la educación de sus hijos, será más que probable el éxito en este aspecto.

No deje el desarrollo de estas aptitudes, como el barco a la deriva en manos de las mareas. Me parece fundamental que el control de la educación de sus hijos esté en sus manos y no en manos de las circunstancias. Muchas veces nos encontramos actuando como hemos aprendido de nuestros padres o profesores, nos parezca la manera más adecuada de actuar o no, esto se debe a que al no marcarnos un camino de forma consciente, nuestro cerebro tiende a responder de forma inconsciente, respondiendo de la manera que ha aprendido. Decidir si es adecuado responder de esa manera dependerá de lo que realmente quiera conseguir.

PROYECTO DE FAMILIA

Su plan o proyecto de educación será la guía o la hoja de ruta para conseguir aquello que se proponga en la educación de sus hijos.

¿Ha oído hablar de la Misión, Visión y Valores de las empresas? Por ahí comienza cualquier proyecto de empresa. Si se fijan, todas las grandes empresas las tienen claramente definidas.

Las empresas son organizaciones encaminadas a cumplir un fin: la producción de bienes y/o servicios. En cualquier empresa es fundamental para implantar una estrategia definir la misión, visión y valores de estas. ¿Pueden existir y triunfar sin hacerlo? ¡Sí!, pero su éxito o fracaso dependerá más de las circunstancias que de la gestión y control de los miembros de la misma. También es posible que esta Misión, Visión y Valores, esté definida pero no de forma escrita, no es necesario, pero siempre es preferible tenerlo por escrito para que quede claro a toda la organización.

A partir de ahí, de la definición de misión, visión y valores, parte toda la planificación estratégica de la empresa, con los planes de acción a largo y corto plazo, con las modificaciones para no desviarse del objetivo, con las adaptaciones a los cambios que se producen durante la vida de la empresa, pero en todo momento no se pierde el norte, se intentan utilizar y adaptar todos los recursos de la empresa para que la misión, el objetivo último de la empresa se lleve a cabo.

Pues la familia no deja de ser una organización encaminada a cumplir otro fin: promover el desarrollo y bienestar de sus miembros, esta sin ánimo de lucro.

De igual manera que la producción de bienes y/o servicios, el desarrollo y bienestar de sus miembros se puede realizar de multitud de maneras.

Definir la Misión, Visión y Valores no tiene que ser una tarea para grandes estrategas empresariales, aunque muchas veces se ve como tal. Quizá le parezca una tontería pero es más importante de lo que puede llegar a creer, y en el mundo empresarial lo saben. Recuerde el Sistema de Activación Reticular (SAR).

Definiendo tanto la Misión como la Visión de cualquier organización está indicando de manera específica, a todos los cerebros de su organización, todos los SAR, cuál es la razón última de su organización (MISIÓN) y cómo querrían que eso se llevara a cabo (VISIÓN). Al definir esa ruta, el deseo común, se graba en sus cerebros y ante cualquier desviación de su deseo común, los SAR de los miembros de la organización buscarán inconscientemente la solución para volver de nuevo a la ruta fijada y seguir su camino hacia conseguir el deseo común a todos los miembros, su Misión/Visión.

Por supuesto la definición de Misión/Visión y valores familiares ha de llevarse a cabo por todos los miembros de la familia, es un proyecto común, por tanto a los hijos también se les debe invitar a participar en la realización del proyecto, este debe satisfacer las expectativas de todos sus miembros, no se trata de ceder o que uno gane y otro pierda, todos deben ganar. Aprovéchelo para conocer las inquietudes, y deseos de su familia. Aunque la participación de los más pequeños será distinta a la de los hijos más mayores, ténganlos en cuenta, sus deseos también cuentan.

CÓMO DEFINIR LA MISIÓN FAMILIAR:

Muchas veces nos presentan la forma de definir la Misión de cualquier organización con preguntas del tipo: ¿Quiénes somos? ¿En qué creemos? ¿A quiénes nos debemos? ¿Qué beneficio proporcionamos a la sociedad?... Estas preguntas quizá sean un poco transcendentales para los ciudadanos de a pie, pero son más sencillas de responder de lo que pensamos.

Puede empezar por responder de forma individual a diversas preguntas para después ponerlo en común, con toda la familia (organización) y llegar a un consenso donde todos ganen y nadie tenga la sensación que ha tenido que ceder en algún aspecto. Puede empezar por responderse a preguntas del tipo:

- ¿Por qué le riño a mi hijo para ponerse unos zapatos y no otros, o para que se termine la cena o la comida? o ¿por qué le abrazo cuando está triste o llora?… no todo el mundo educa como usted lo hace, pregúntese:

¿Cuál es el propósito de educar como educo a mis hijos? ¿Qué quiero conseguir?

- Una vez contestado no estaría mal analizar la forma de comportarse cada miembro de la familia. No todos actuamos de la misma manera en todos los roles de nuestra vida, pregúntese también, ¿cuál es mi propósito de actuar como lo hago en mi familia?, ¿qué quiero conseguir? (que se lo pregunten todos los miembros de su familia).

Básicamente las respuestas a estas preguntas responderán sobre la Misión individual en su familia. Ahora trate de poner esas misiones individuales en común para llegar a definir la MISIÓN FAMILIAR.

- ¿Qué quieren conseguir? Se trata de responder poniendo en común sus metas.
- ¿Cuál es su propósito familiar, su razón de ser?

Muchas veces le sorprenderá el resultado que obtienen con sus misiones individuales. Quizá se den cuenta que, en muchas discusiones en la forma de educar que se haya dado en su familia, había un propósito común. Al fijar ese propósito común, será más sencillo encontrar modos de educar comunes para ese mismo propósito.

Cuando haya puesto en común cuál es el propósito de su familia, es hora de redactar su Misión Familiar de forma clara, comprensible y breve.

Ejemplos de Misión Familiar:

- Nuestra Misión Familiar es crear un lugar de amor y tranquilidad proporcionando a cada miembro las herramientas que necesiten para ser autónomos y responsables en cualquier aspecto de sus vidas.
- Nuestro propósito es ser felices, apoyando las acciones de cada miembro para que encuentren su felicidad, respetando las opiniones y sentimientos de cada uno.
- Nuestra Misión Familiar es ayudarnos y creer en los talentos innatos de cada miembro fomentando su desarrollo, permitiéndoles ser lo que quieran ser.

Estos son ejemplos para que se haga una idea de qué es. En Internet seguro que encuentra más y si busca Misión/Visión/valores empresariales encontrará aún más. Serán referencias que puede usar pero intenten definir su propia misión de familia.

CÓMO DEFINIR LA VISIÓN:

La Visión yo la defino como la visualización del ideal de familia puesta en acción. El sueño de familia hecho realidad.

– ¿Qué queremos ser? (su ideal de familia, cómo se imaginan a su familia perfecta).

Puede responder a subpreguntas del tipo:

- ¿Cómo querría ser usted?
- ¿Cómo querría que fueran sus hijos?
- ¿Cómo querría que fuera su pareja?
- ¿Cómo querrían sus hijos que fueran ustedes?
- ¿Cómo querrían sus hijos que fueran sus hermanos?

Háganse las preguntas de forma individual, para luego ponerlo en común:

¿Qué quieren ser como familia? (el ideal, la familia de sus sueños).

Es muy probable que no sepa definir qué es lo que quiere. Como he comentado anteriormente, en nuestra sociedad nos hemos acostumbrado a expresar nuestros deseos, expresando lo que no queremos por lo que nos resulta muy difícil definir qué es lo que queremos.

Mientras se acostumbra a definir sus objetivos de manera positiva, le puede ayudar realizar el siguiente ejercicio:

Piense en las cosas que le gustaría cambiar y cambie la definición de negativa a positiva. Por ejemplo:

"No quiero que se grite en casa"... Se podría cambiar por "Quiero una familia tranquila".

"No quiero que mi pareja me ignore"... por "Quiero que mi pareja sea mi amigo y apoyo"... etc.

Igual ahora está pensando: "¡Pero las cosas que se me ocurren son una utopía!".

De eso se trata, de soñar en el ideal. Lo que consideran utópico, quizá, más pronto que tarde, se den cuenta que no es tan utópico como pensaban.

Realice este ejercicio para un mínimo de 5-6 aspectos que desearía cambiar, cuantos más aspectos mejor, porque más fácilmente podrán definir su visión, más claro verán al final lo que quieren. Háganlo de forma individual para ponerlo después en común y definir la Visión Familiar.

Ejemplo de Visión Familiar:

- Todos los miembros de la familia colaborarán en las tareas del hogar y se realizarán actividades comunes que fomenten el deporte, etc.
- Se procurará crear un ambiente tranquilo y limpio, y se dedicará algún tiempo semanal de forma individual a cada miembro de la familia...
- Se procurará semanalmente, mensualmente... un espacio para que cada miembro disfrute a nivel individual, procurando el resto de la familia que esa persona pueda desconectar de su rutina diaria...

Es evidente que habrá muchas cosas que le gustaría realizar pero la visión tiene que ser redactada de forma clara y concisa. Escriba una lista grande de deseos y como verá, más adelante, con la lista de valores vaya descartando hasta quedarse con los tres o cuatro más importantes para ustedes, los que más desean.

Es indispensable definir tanto la Misión como la Visión de Forma Positiva, recuerden el SAR, no se trata de definir lo que no quieren, han de redactar lo que quieren. Al fijar objetivos de forma positiva, fijarán una meta a la que acercarse y sabrán si están cumpliendo o no su objetivo. Si lo hacemos de forma negativa, tenemos una meta de la que alejarnos y nunca sabremos si hemos llegado a lo que deseamos de verdad, huimos de algo.

Recuerden siempre esto y aplíquenlo en sus vidas y en las de sus hijos. Cualquier meta que se fijen háganlo de forma positiva.

DEFINIR LOS VALORES:

Los valores serán las normas sobre las que se basa cualquier decisión a tomar en la familia, son los principios sobre los que creamos nuestras pautas de comportamiento.

En cuanto a definir los valores de su familia, háganlo de forma totalmente sincera, no se trata de definir lo que, socialmente, estaría bien visto sino lo que, verdaderamente, es importante para su familia.

Si sus valores son dinero, belleza y estatus… son esos, no trate de ocultarlos porque se supone que en la sociedad está mal visto tener esos valores y se presuponen unos valores prefijados para todas las familias. Sean sinceros con ustedes mismos, es el proyecto de su familia y no tiene que mostrárselo a nadie, así que olvídense de lo que socialmente esté bien o mal visto.

La idea es seleccionar no más de 5 valores.

LISTADO DE VALORES:

LISTADO DE VALORES

Adaptabilidad
Afecto
Amistad
Aprendizaje continúo
Autoestima
Ayudar a la sociedad
Ayudar a los demás
Belleza física
Beneficio económico
Calidad
Cambio y variedad
Competitividad
Comodidad
Dedicación
Comunicación con los demás
Conocimiento
Consciencia ecológica
Control
Cooperación
Creatividad
Crecimiento
Compromiso
Democracia
Desarrollo personal
Desarrollo profesional
Diálogo

Dinero
Distinción
Entusiasmo
Estabilidad
Estatus social
Estatus intelectual
Ética
Fama
Familia
Fiabilidad
Honestidad
Honor
Lealtad
Influir en los demás
Innovación
Integridad
Humildad
Liderazgo
Logro
Mérito
Motivación
Naturaleza
Orden (tranquilidad)
Placer
Poder y autoridad
Posición social

Precaución, evitar riesgos
Perseverancia
Prestigio
Retos
Reconocimiento
Relaciones de calidad
Relaciones personales
Religión
Respeto
Reputación
Responsabilidad
Riqueza
Sabiduría
Salud
Seguridad
Seguridad económica
Ser competente, ser eficiente
Serenidad
Ser útil
Servicio a los demás
Sofisticación
Supervisar o enseñar a otros
Trascender, dejar un legado
Verdad
Vinculación
Vocación

Un truco que pueden usar para definir sus valores realmente más importantes, es seleccionando primero unos 15 valores importantes de la lista. De esos 15, se tendrá que deshacer de 3, eso no quiere decir que los valores que ha eliminado no sean importantes para usted, sino que los valores que quedan en su lista aún son más importantes. De nuevo, con 12 valores, vuelva a deshacerse de otros 3, cada vez le resultará más difícil deshacerse de sus valores. Quedarán 9, deshágase de 2 más. Quedarán 7, deshágase de 2 más. Quedarán 5, si quiere deshágase de 1 más, quedando los cuatro valores más importantes para su familia. Hágalo paso a paso. No deshaga 10 valores de golpe, déjese tiempo para meditar y pensarlo.

Hagan este ejercicio en común.

Un buen momento para establecer las reglas o límites que sabemos objetivamente que no vamos a permitir que nuestros hijos sobrepasen es al definir la misión, visión y valores familiares. Podrán establecer los límites de común acuerdo entre padres e hijos, siendo un buen momento para discutir los límites y llegar a un entendimiento entre las partes (sobre todo si los hijos son más mayores). Si los niños son pequeños los límites lo establecerán los padres de común acuerdo. También puede ser muy útil establecer normas de convivencia entre hermanos cuando en la familia se suelan presentar conflictos entre ellos. Les ayudará a fijar los límites que pueden y no pueden rebasar entre ellos.

Con el simple ejercicio de definir la Misión, Visión y Valores de su familia, están marcando implícitamente el destino, la meta y el deseo común de lo que quieren llegar a ser y conseguir. A partir de aquí, tanto de forma inconsciente como consciente, los comportamientos y también los objetivos que se marque su familia, le llevarán a ese destino, y cuando se desvíen de su objetivo último, serán conscientes de ello y tomarán las medidas necesarias para volver de nuevo a su ruta. Si no definen su Misión/Visión, es más que probable que ni siquiera detecten que algunos de sus comportamientos les desvían de sus deseos.

Recuerde aquello: la mayoría de las personas saben lo que no quieren para su futuro, el de sus hijos o su familia, pero no saben lo que quieren y andan perdidos huyendo de algo sin saber hacia dónde dirigirse. Para conseguir aquello que quiere primero identifique y defina de forma concreta, detallada y específica qué es. Además de haber fijado una meta a la que dirigirse, ese punto le servirá de guía para la toma de decisiones que se encuentre durante su ruta. ¿Cómo tiene que comportarse como padre/madre para que se cumpla su meta?

De tan simple que resulta, nos parece innecesario hacerlo, pero no subestime su poder. Definiendo su fin, puede hacer que cambien inconscientemente (SAR) muchos de sus comportamientos tanto individuales como familiares de manera automática. Se dará cuenta que quizá determinados comportamientos que realizan en su familia no es que no le acerquen a su deseo, sino que, incluso, le alejan de él. Al definir su fin, inconscientemente retomarán su rumbo.

¿Qué hacer con la Misión/Visión y Valores de su familia? Yo la dejaría en un lugar donde su familia pueda acceder en cualquier momento.

¿La Misión/Visión y Valores de la familia son estáticos? No, es cierto que se definen a largo plazo, pero no duden en revisarlas y modificarlas cuando lo consideren necesario. Como todo, la familia también evoluciona y los valores que hace unos años eran importantísimos, puede que hayan dado paso a otros valores que en ese momento consideran más importantes. Lo mismo ocurre con la Visión y Misión. Mi consejo: haga que evolucionen con su familia, y modifíquenlo cuando lo crean conveniente.

¿Es imprescindible definir la Misión/Visión y Valores de su familia para aplicar el método para desarrollar la inteligencia emocional de sus hijos? No, no es imprescindible pero sin duda les será más fácil aplicar el método y reforzará su motivación para llevarlo a cabo; sus cerebros les ayudarán a aplicar el método si el desarrollo de la inteligencia emocional de sus hijos le acerca como padres a su Misión/Visión Familiar y son conscientes de ello.

ADECÚE EL PROCESO A LA EDAD Y MADUREZ DE SUS HIJOS

Hasta aproximadamente los 6 años, aplique el método con sus hijos poniendo nombre a sus emociones, a las de sus hijos y a las suyas propias (cuénteles cómo se siente usted ante sus comportamientos) en definitiva amplíe su vocabulario emocional. Podemos jugar delante de un espejo a imitar las expresiones faciales de las emociones, hacer juegos para que aprendan las emociones, hablarles cada día de alguna emoción, enséñeles formas de relajarse. Pueden aplicar todo el método adecuándolo a la madurez y edad de su hijo pero no espere tanto un razonamiento en sus respuestas como en familiarizarlos con sus emociones, que aprendan a detectar señales, que se den cuenta de que en las situaciones se puede reaccionar de diferentes maneras, que aprendan los pasos para analizarlas, etc.

A partir de los 6 años, tanto el vocabulario de sus hijos como su habilidad de razonamiento es mucho más amplio por lo que conocer sus emociones y buscar distintas soluciones a una determinada situación es más sencillo. Si anteriormente se les ha familiarizado con el método, poco a poco verá como lo pondrán en práctica de forma inconsciente y rápida. Si aún no ha empezado a mostrarles el método, empiece cuando quiera. Sea consciente al principio que será más práctico aplicar el método en situaciones de calma para pasar, cuando ya hayan aprendido el método, a usarlas en situaciones de más conflicto o estrés. Nunca intente aplicarlo ante un secuestro emocional porque como ya sabe, ante un secuestro emocional, es imposible razonar. Primero habrá que salir del secuestro y solo después estarán en condiciones de realizar cualquier tipo de razonamiento.

Lo ideal es haber fomentado el desarrollo de la Inteligencia Emocional de sus hijos antes de llegar a su adolescencia. Esta es una edad de muchos cambios y retos para ellos, y les resultará tremendamente útil poder disponer de una herramienta para afrontar esta etapa y las distintas decisiones que deben tomar, de la forma más positiva para ellos, ya que habrán aprendido a escuchar y gestionar sus emociones, y a analizar las situaciones y las consecuencias de cada comportamiento de forma autónoma, no siendo tan impulsivos y siendo más inteligentes emocionalmente.

RECUERDE:

¿De qué les servirá a nuestros hijos tener una licenciatura, un master y tres idiomas, si no saben enfrentarse a los fracasos, no saben gestionar sus miedos, no aprenden a desenvolverse en situaciones que les generan estrés…?

No dejen el desarrollo de estas aptitudes como el barco a la deriva en manos de las mareas.

Nuria

BIBLIOGRAFÍA

Cómo desarrollar la Inteligencia Emocional. Torrabadella, P. 1997. Integral.

Cómo potenciar las emociones positivas y afrontar las negativas. Maganto, C. y Maganto, J.M. 2010. Ediciones Pirámide.

De sapos a príncipes. Bandler, R. y Grinder, J. 2001. Gaia Ediciones.

Desconócete a ti mismo. Programa de alfabetización emocional. Güell, M. y Muñoz, J. 1999. Paidós.

Educar con Inteligencia Emocional. Elías, M, Tobías, S. y Friendlander, B. 1999. Debolsillo.

Educar las emociones y los sentimientos. Segura, M y Arcas, M. 2003. Narcea.

El arte de transformar positivamente las emociones: La ecología emocional. Soler, J y Conangla, M. 2003. Amat.

El cerebro emocional. LeDoux, J. 1999. Ariel Planeta.

Inteligencia Emocional Infantil y Juvenil. Lantieri, L. 2009. Aguilar.

La auténtica felicidad. Seligman, M. 2005. Ediciones B.

La educación emocional: una propuesta para orientar las emociones personales. Steiner, C. 2002. Suma de Letras.

La Inteligencia Emocional de los niños. Shapiro, L. 1997. Javier Vergara.

La Inteligencia Emocional. Goleman, D. 1996. Kairos.

Los 7 hábitos de la gente altamente efectiva. Stephen R. Covey. 2010. Paidós.

Motivación y Emoción. Reeve. 1994. McGraw Hill.

Poder sin límites. Robbins, A. 2010. Debolsillo.

Sentirte bien está en tus manos. González, J.L. y López, L.A. 1999, Sal Terrae.

"Todo el mundo es un genio. Pero si juzgas a un pez por su habilidad para trepar árboles, vivirá toda su vida pensando que es un inútil".

(Albert Einstein)

Si está interesado/a en contactar conmigo puede hacerlo a través de:

emoeducales@emoeduca.es

Puede hacerme llegar cualquier sugerencia, duda u opinión, intentaré responderle en la mayor brevedad posible.

Además en nuestra página web: www.emoeduca.es podrá encontrar artículos y contenido que le pueden ser de utilidad.

Espero que le haya gustado el libro y, lo más importante, que lo aplique en su día a día.

Nuria Andreu

Este libro se terminó de imprimir
en Almería durante el mes de abril de 2015